吴丽芳 ——

著

青少年校园足球协同治理研究

RESEARCH ON
COLLABORATIVE
GOVERNANCE
OF
YOUTH CAMPUS
FOOTBALL

社会科学文献出版社
SOCIAL SCIENCES ACADEMIC PRESS (CHINA)

导　言

　　本书是在我的博士学位论文《我国青少年校园足球协同治理研究》和省社科项目"我国青少年体育公共服务协同治理研究"结项报告的基础上几经修改而成的。随着校园足球政策的推广，校园足球相关研究已成为学校体育领域的热点。"大部制"的管理机构难以回避部门协同与协调等问题，因此，解决跨部门协同问题，是校园足球治理的现实议题。虽然曾对自己研究青少年校园足球协同治理的能力有所怀疑，然而这个领域时刻吸引着我，令我欲罢不能。感谢我的导师——首都体育学院的于振峰教授，在我犹豫、彷徨时他帮我坚定信心并确定了"协同治理"这一主题，使研究脉络得以清晰。近年来，我积极参加校园足球推进会、研讨会、调研评估等活动，全身心投入这项研究。

　　新时期校园足球是学校体育改革的试验田，也是夯实足球人才根基的基础性工程。青少年校园足球工程复杂，任务繁多，单靠某一个部门或区域无法解决所有问题。为推进校园足球工作治理体系和治理能力现代化，2020 年，教育部推出了《全国青少年校园足球八大体系建设行动计划》。这一计划既是对校园足球探索历程的深刻总结，也是对校园足球发展战略的明确定位，更明确了校园足球下一步努力的方向。2009 年，为提升学生体质水平，培养学生拼搏精神和团队合作能力，促进学生身心健康，同时提高足球运动整体水平，中国决定在全国大中小学广泛开展校园足球活动。2015 年，为更好发挥足球育人功能，发挥教育系统优势，校园足球工作开始由各级教育部门主导。那时中国校园足球场地稀少、设备简陋、人才奇缺、基础薄弱，其相关政策法规的完善与执行力度等方面，与校园足球发展较好的国家相比还有较大差距。自 2016 年，我开始关注校园足球理论和实践研究，并将此作为博士学位论文选题。选择这个非常有意义的研究领域，我十分荣幸，对此我始终心怀感激，感激我的导师，感谢所有帮助过我的人。

本书以中国青少年校园足球协同治理为研究对象，采用文献资料分析法、调查法、比较法、案例分析法、社会网络分析法等研究方法，回顾中国青少年校园足球发展历程，分析校园足球治理现状，追踪校园足球领域最新发展动态，梳理中国及区域校园足球治理实践中存在的问题，寻找"理想"与"现实"出现反差的原因，探寻解决青少年校园足球发展问题的策略。研究发现，国外校园足球治理呈现政府主导、多方参与的特点，通过健全行政管理机制，完善配套政策体系，实现政府谋篇布局；校园足球在专业技术、物力资源、人力资源等领域，需要足协的多方位支持；可以通过职业俱乐部定点对应，业余俱乐部纲举目张，实现俱乐部布点渗透。基于以上研究，本书以利益相关者理论、治理理论和协同治理理论为基础，提出从部门协同、内外协同、府际协同、治理服务平台承上启下等方面建立中国青少年校园足球协同治理主体框架，提出构建资源动员有力、多元共治有序、利益分配合理的中国青少年校园足球协同治理运行机制。同时，本书还以北京市为案例，深入探讨不同治理主体参与北京市青少年校园足球教学、训练、竞赛等的概况，利用多元回归模型分析资源动员、多元共治、利益分配对校园足球协同治理效果的影响。

本书对国家级青少年校园足球特色学校做了大数据分析，目的是通过对现状的阐述，引起学界对校园足球的重视，并为后来的研究者提供借鉴和参考。全面深化校园足球改革，推进校园足球治理现代化，既要立足于中国校园足球发展的基本概况，从现实角度看中国，同时，也要立足于历史和世界看中国，通晓其他国家和地区的积极经验和做法，在相互交流、比较甄别和取舍借鉴中，不断开阔视野，吸取经验教训并形成思路、出台创新举措。

第一章

绪　论

一　中国青少年校园足球协同治理的缘起

（一）中国青少年校园足球协同治理的背景

1. 全面深化改革要求加强校园足球协同治理研究

从发达国家的当代实践看，协同治理是解决公共服务跨界难题的重要方案。[①]为大力提升公共服务事业治理能力和水平，中国各部门协同创新，在制度层面上推进公共事业治理体系建设。2004年党的十六届四中全会首次提出党委领导、政府负责、社会协同、公众参与的社会管理新格局，2007年党的十七大进一步指出最大限度激发社会创造活力，党的十八届三中全会提出要提高社会治理水平，党的十九届四中全会进一步提出推进国家治理体系和治理能力现代化的要求。青少年校园足球工程复杂，任务繁多，单靠某一个部门，或某一个区域无法解决所有问题，需要整合不同政府部门及社会力量，共同推进校园足球治理体系建设。2009年国家体育总局、教育部在《关于开展全国青少年校园足球活动的通知》中提出，由国家体育总局从体育彩票公益金中拨出专款作为校园足球活动资金，由体育部门主导校园足球工作。[②]2013年国家体育总局、教育部下发《关于加强全国青少年校园足球工作的意见》，提出校园足球主导部门从体育部门向

---

① 周志忍、蒋敏娟：《整体政府下的政策协同：理论与发达国家的当代实践》，《国家行政学院学报》2010年第6期。

② 国家体育总局、教育部：《关于开展全国青少年校园足球活动的通知》，体群字〔2009〕54号，2009 - 4 - 12。

教育部门转变，体育、教育部门应加强协同治理，在投入力度、场地建设、足球教育和招生政策等方面推动跨部门协同发展，创新工作机制，搭建共享平台，推进校园足球治理体系建设和治理能力提升。[①]

2. 整合发挥多方资源优势已成共识

校园足球工作是学校体育教育事业发展和中国足球腾飞的一个重要抓手。因此，发展校园足球不仅是政府部门的责任，更应广泛动员社会力量参与，这一点政府部门与社会团体已经取得初步共识。自 2013 年以来，在校园足球投入方面，国家不仅强调各体育部门从体育彩票公益金中拨出专款，而且注重引导企事业单位、社会团体和个人进行多种形式的赞助。2014 年，刘延东同志强调在大力发展体育产业背景下，发展青少年校园足球应积极构建政府主导，社会共同参与的运行机制。[②] 2015 年 3 月，国务院指出要发挥社会主义制度优势，加强校内外足球资源的整合，落实土地、税收、金融等优惠政策扶持足球场地建设，建立学校和社会对足球场地的共享机制。[③] 随后，各地政府纷纷落实多项优惠政策，积极吸引社会资本投资兴建学校足球场地，并陆续出台学校足球场地课外时间向社会开放等管理规章。同年 7 月，教育部等多部门再次强调利用社会资源创新青少年校园足球发展模式，[④] 各地政府也相继出台地方校园足球实施意见，探寻适合区域校园足球发展的模式，从制度层面确保青少年校园足球协同治理的合理性和必然性。

3. 校园足球系统的复杂性和任务的多样性决定其需要协同治理

校园足球的资金、场地、师资、竞赛等的多领域分布决定了校园足球系统的复杂性和任务的多样性，倒逼国家政府部门转变校园足球治理思路。虽然国家和省级单位增加了对校园足球的投入，但单靠政府的行政拨款，资金来源渠道单一，这对于常态化发展校园足球来说可谓杯水

---

① 国家体育总局、教育部：《关于加强全国青少年校园足球工作的意见》，http://www.sport.gov.cn/ n16/n1251450/n1251465/n1252727/n1252890/3843466.html。

② 《教育部：足球将作为必修课纳入学校体育课程教学体系——教育部部长袁贵仁在全国青少年校园足球工作电视电话会议上的发言》，《中国学校体育（基础教育）》2015 年第 1 期。

③ 国务院：《中国足球改革发展总体方案》，国办发〔2015〕11 号，2015 - 3 - 6。

④ 教育部等 6 部门：《关于加快发展青少年校园足球的实施意见》，教体艺〔2015〕6 号，2015 - 7 - 27。

车薪，导致中国校园足球政府供给效率低下。[①] 校园足球之所以要协同治理，是因为该事务超出了单个政府部门的职责范围，需要公私部门共管共治，其具有客观存在的多元性。这种多元性是校园足球协同治理的逻辑起点。协同治理既是发展校园足球的必然要求，也是弥补单一政府部门资源不足、促进有效治理的重要手段。因此，地方政府应推进政府购买服务，加强政府内外足球资源的整合，改变政府包揽的供给方式。社会力量应发挥所具备的参与性、开创性、灵活性、低成本性等优势，有效应对校园足球表现出的资源不足问题。[②] 多元主体通过沟通协商，共同承担诸多校园足球事务，充分调动各界的积极性，以有效摆脱单一主体供给不足和碎片化治理带来的困境。

（二）中国青少年校园足球协同治理的提出

发展青少年校园足球是党中央、国务院做出的战略部署。为推动青少年校园足球高质量发展，各级政府仍需深化校园足球管理体制建设和改革创新。笔者近几年多次参加全国及区域青少年校园足球特色学校遴选工作，参与教育部及地方教育部门组织的校园足球调研，参与和主持多个校园足球课题研究，对校园足球理论与实践有较深的认识。中国青少年校园足球治理现状如何，存在哪些困境，哪些原因导致了校园足球治理困境？国外青少年校园足球发展好的区域可以提供哪些经验启示？中国青少年校园足球治理框架应该是怎样的？这些问题应该引起研究者的关注，本书将围绕相关问题展开研究。

（三）中国青少年校园足球协同治理的意义

1. 校园足球协同治理是改变政府包揽的体制创新

近年来，校园足球治理的相关研究已成为学校体育领域研究的热点。部分研究开始关注校园足球的管理体制，关注体育、教育部门的职能划分，阐述政府的角色定位与职能转化。大量与协同治理相关的主题开始出

---

① 吴丽芳等：《基于社会治理的青少年校园足球发展模式》，《体育学刊》2017 年第 4 期。
② 毛振明、刘天彪、臧留红：《论"新校园足球"的顶层设计》，《武汉体育学院学报》2015 年第 3 期。

现，诸如国家治理、元治理、社会治理、政府购买、体制革新、多元主体等。一方面，研究者较多关注校园足球相关职能部门的角色定位与政策实施，"大部制"的管理机构难以回避部门协同与协调等问题，不同部门解决跨部门协同问题，是校园足球治理的现实议题。另一方面，当前研究主题中开始出现校园足球治理主体多元化这一思考，但是有关企业、社会组织参与校园足球治理的研究较少。青少年校园足球协同治理相关研究不仅可以深化政府部门的行政协调研究，而且可以拓宽校园足球社会治理的研究领域。

2. 校园足球协同治理是梳理发展存在问题的现实需要

当前中国青少年校园足球发展热潮中，各级政府在发挥主导作用的同时，也逐渐意识到调动市场和社会组织的重要性，助推形成政府主导、学校为主体、行业指导、社会参与的治理格局。本书通过对中国及区域青少年校园足球治理现状的调查研究，追踪校园足球领域最新发展动态，梳理中国及区域校园足球治理实践中存在的问题，寻找"理想"与"现实"出现反差的原因。在此基础上，结合日本、韩国、德国、英国校园足球治理经验，分析其主体架构，创新运行机制，为中国青少年校园足球治理提供启示与借鉴，探寻解决青少年校园足球发展问题的策略，推进青少年校园足球治理研究向纵深发展。

3. 校园足球协同治理是提升校园足球工程质量的重要手段

校园足球以发挥立德树人功能、促进青少年身心全面健康发展为重要目标。笔者借鉴协同治理的知识体系，对青少年校园足球治理体系进行了研究，希望借此推动相关部门改变单一的自上而下方式，引导形成多元主体结构与治理机制，有效规避或减少各利益相关方的机会主义，推进校园足球管理体制优化，实现校园足球服务有效供给，提升校园足球整体质量，促进学校体育改革发展。校园足球协同治理强调多元主体参与，建立校园足球协同网络关系，追求结构的有序性，强调多方参与的利益协调和资源配置等运行机制，重视不同主体之间的沟通、协调以及目标冲突的化解，平衡校园足球教学、训练、竞赛、支持体系之间的利益关系，为实现校园足球治理绩效提供结构与制度保障。

二 文献综述

(一) 国外青少年校园足球相关研究现状

1. 协同治理的研究现状

协同治理 (Collaborative Governance) 兴起于西方国家,"二战"后各国为了摆脱困境,纷纷借鉴私人部门追求效率和效果的管理经验,以遵循市场价值导向的方法对公共部门进行改造,[①] 逐步形成新公共管理理论。虽然信息技术的发展减少了横向沟通与协调成本,但是公众对公共服务的需求剧增,单一的政府供给已经无法满足其需求。因此,学界使用"协同治理"来指代政府部门之间的协同。[②] 实践中,政府与企业、社会组织等在公共服务、自然资源、紧急突发事件等领域的跨部门互动在世界各国越来越普遍。

协同治理涉及主体比较宽泛,美国学者拉塞尔·M. 林登提出"无缝隙政府",指出虽然参与者应来自不同的政府、企业、社会组织,但在治理中政府仍然处于中心位置。[③] Tom Ling 将协同治理分为"内""外""上""下"四个维度。"内"主要指政府部门内部协同,"外"主要指政府与非政府之间的协同,"上"更多关注上下级政府之间的纵向协同,"下"更多关注自下而上的协同。[④] 部分研究提出协同治理分为公共部门之间、公共部门与私有部门之间以及公共部门与非营利组织之间三种情况。[⑤] 协同治理可以实现在信息、资源、行为和能力等方面的对接

---

① R. M. Kanter, "Collaborative Advantage: The Art of Alliances," *Harvard Business Review*, No. 72, 1994.

② Naim Kapucu, Farhod Yuldashev, et al., "Collaborative Public Management and Collaborative Governance: Conceptual Similarities and Differences," *European Journal of Economic and Political Studies*, No. 1, 2009.

③ 〔美〕林登主编《无缝隙政府:公共部门再造指南》,汪大海、吴群芳等译,中国人民大学出版社,2002,第3页。

④ Tom Ling, "Delivering Joint up Government in the UK: Dimensions Issues and Problems," *Public Administration*, No. 4, 2002.

⑤ Sharon S. Dawes, Ophelia Eglene, "New Models of Collaboration for Delivering Government Services: A Dynamic Model Drawn from Multi-national Research," 2004 Annual National Conference on Digital Government Research, 2004, p. 4.

和共享，能够实现社会公共事务整体大于部分之和的功效。① 这种观点得到了大部分学者的认同。也有学者认为协同治理并不是万能钥匙，因为其带来有决策行为的参与方增多及由公众参与和授权导致的苛责问题。②

2. 青少年校园足球发展现状相关研究

由于各国国情不同，校园足球发展路径及发展水平也不同。虽然校园足球发展模式不同，但是各国的成功经验和先进理念有很强的借鉴意义。中国的校园足球是提高中国足球普及程度和竞技水平的基础工程，承担着英国、德国、法国足协下属各级业余俱乐部培养青少年足球人才的任务。科学青少年足球体系是德国足球取得令世界称赞的成绩的重要法宝。③ 德国坚持学校、俱乐部与地方足协密切合作，不断完善职业足球俱乐部、校园足球和天才培训中心后备人才的培养体系。④ 英国青少年足球运动的普及工作依托英格兰学校足球协会领导下的学校足球。⑤ 足球作为一种稳定学生情绪、维护校园秩序的教育手段被引进英国校园。⑥ 法国校园足球发展主要集中在中学阶段，中小学足球竞赛机制发达，足球人才选拔和培养机制健全。⑦

日本、韩国校园足球培养体系有许多相似的地方。足球在早期以"部活"的形式进入并扎根日本校园。日本小学、中学、大学都拥有自己的特

---

① Doberstein, "Designing Collaborative Governance Decision Making in Search of a 'Collaborative Advantage'," *Public Management Review*, Vol. 18, No. 6, 2016.

② J. Eun, et al., *An Exploratory Research on an Accountability Index for Collaborative Governance*, Seoul: The Korea Institute of Public Administration, 2009, p. 24.

③ 李杰:《从德国足球的成功经验探讨构建中国青少年足球人才的培养体系》,《中国学校体育》2017 年第 4 期。

④ B. Schroepf, M. Lames, "Career Patterns in German Football Youth National Teams—A Longitudinal Study," *International Journal of Sports Science and Coaching*, Vol. 13, No. 3, 2018. 彭国强、舒盛芳:《德国足球成功崛起的因素及启示》,《体育学刊》2015 年第 5 期。

⑤ English Schools' Football Association, Handbook Season 2017 - 2018, www.esfa.co.uk.

⑥ Matthew A. Pain, Chris G. Harwood, "The Performance Environment of the England Youth Soccer Teams: A Quantitative Investigation," *Journal of Sports Sciences*, No. 11, 2008.

⑦ 方友忠、马燕生:《法国校园足球基本情况和主要特点》,《世界教育信息》2015 年第 23 期。Torill Larsen, et al., "Creating a Supportive Environment among Youth Football Players: A Qualitative Study of French and Norwegian Youth Grassroots Football Coaches," *Health Education*, Vol. 115, No. 6, 2015.

色部活，其中足球部活是非常受欢迎的部活之一。^① 日本校园足球发展好得益于教育部门与体育部门的协同治理。政府、社会、家庭多方共同支撑日本校园足球的资源保障体系。^② 韩国校园足球是培养高水平足球人才的重要途径，^③ 其职业足球俱乐部长期与区域中小学建立伙伴关系，选择对应的校级足球队作为下属青少年足球俱乐部，为学校提供所需经费和场地的支持，以及专业技术帮扶，并挑选优秀的足球苗子进入职业足球俱乐部重点培养后备梯队。^④ 各种行之有效的行政政策和制度以及政府与社会的资金投入，保证了韩国学校足球高水平运动员培养机制正常运行。^⑤

3. 青少年校园足球协同治理相关研究

虽然各国国情、体制不同，青少年校园足球发展路径也不尽相同，但是仍可以发现国外青少年校园足球有协同治理的趋势。对法国青少年足球运动员培养体制进行探究，可以发现政府与学校的联合是发展校园足球的基础，业余俱乐部是推进校园足球的主动力，职业俱乐部是向校园足球峰顶迈进的基石，各级大量的比赛是校园足球成功的保障。^⑥ 近年来，法国校园足球得到较好发展，这得益于社会组织及民众的重视，在法国，足球运动不仅是一种教育活动，也是全家的节日，更是公德教育课堂。^⑦ 德国校园足球是整个

---

① 松本靖、後藤幸弘，"Extracted from Tacticsof Socceron Upper Grade of Elementary School Children," *Japanese Journal of Sport Education Studies*，Vol. 26，No. 2，2007.

② 孙一等：《日本校园足球：发展与启示》，《上海体育学院学报》2017 年第 1 期。

③ Hyun Lee，Betsy Yoon，"A Unified Korea—An the Soccer Field at Least," *Foreign Policy in Focus*，No. 1，2014.

④ 金钟焕：《韩国足球教练员培养体制》，中日韩亚洲足球发展论坛，北京体育大学，2011。Ludovic Lestrelin，"Entering into，Staying，and Being Active in a Group of Football Supporters：A Procedural Analysis of Engagement. The Case of Supporters of a French Football Club," *International Review of Sociology*，Vol. 22，No. 3，2012.

⑤ Eunah Hong，"Women's Football in the Two Koreas：A Comparative Sociological Analysis," *Journal of Sport and Social Issues*，Vol. 36，No. 2，2012. 中国驻韩国大使馆教育处：《韩国校园足球发展情况简介》，《基础教育参考》2016 年第 1 期。H. J. Chang，H. Kwan，et al.，"Technical and Physical Activities of Small-sided Games in Young Korean Soccer Players," *Journal of Strength and Conditioning Research*，Vol. 30，No. 8，2016.

⑥ Kevin Tallec Marston，"An International Comparative History of Youth Football in France and the United States（C. 1920 – C. 2000）：The Age Paradigm and the Demarcation of the Youth Game as a Separate Sector of the Sport," Montfort University，2012.

⑦ 高原、董志强：《对法国小学生足球活动开展的思考——2015 年校园足球教练员赴法国留学感悟》，《青少年体育》2015 年第 12 期。

足球人才培养体系的基座工程。德国足协提出十年"人才培育"计划,不让一位天才"漏网"。德国校园足球战略通过学校与俱乐部合作,同时与足协联手,追求足球的教育性与普及性,实现德国全民足球。① 德国足球政策清晰完备,兼顾政府、市场、社会发展的协同性,具有俱乐部青训和校园足球相促进的协同发展机制等。② 德国的青少年足球运动员培养体系,是一个依托高度社会化的体育资源,由国家和地方支持、协调和管理的社会权威和专业团体共同参与,各级俱乐部和相关学校共同发展的完备体系。③ 英国校园足球的理念是让每个学生都有机会接触到足球。英国校园足球不以营利为目的,作为社会性公益事业,得到了政府、志愿者、社会组织、企业的全方面支持,是国家福利和社会公益共同作用的结果。④ 英国足球基金会每年都要对学校和社区足球场地进行设施投入。许多一流的企业为彰显企业社会责任,纷纷资助当地校园足球运动的开展。⑤ 日本校园足球竞赛品目繁多,其中高中是日本各学龄段学校联赛发展最为成熟的阶段,受到社会的强烈关注,很多社会企业愿意赞助校园足球赛事。⑥ 日本校园足球发展带动了一系列相关产业的发展。⑦

(二) 国内青少年校园足球相关研究现状

笔者以"校园足球"为主题,搜索中国知网等数据库发现校园足球研

---

① Martin K. Erikstad, Tommy Haugen, Rune Høigaard, "Positive Environments in Youth Football," *German Journal of Exercise and Sport Research*, Vol. 48, No. 2, 2018. 《德国足协章程》, http://www.dfb.de/fileadmin/-dfbdam/2014124-02-Satzung.pdf。

② 刘斌、杨成伟、李梓嘉:《基于政策执行视角的德国足球发展审视及启示》,《沈阳体育学院学报》2017 年第 2 期。

③ 毛振明、刘天彪:《再论"新校园足球"的顶层设计——从德国青少年足球运动员的培养看中国的校园足球》,《武汉体育学院学报》2015 年第 6 期。

④ 陈洪、梁斌:《英国青少年校园足球发展的演进及启示》,《体育文化导刊》2013 年第 9 期。

⑤ Funding for Schools and Football Clubs to Link Up, http://www.Football foundation.org.uk/our-schemes/.

⑥ Masahiro Sugiyama, Selina Khoo, Rob Hess, "Grassroots Football Development in Japan," *The International Journal of the History of Sport*, Vol. 34, No. 18, 2017. Hiroaki Matsuyama, Takahiro Matsutake, et al., "Competitive of Young Football Players in the Japan Football Association Social Action Program," *Advances in Physical Education*, Vol. 5, No. 2, 2015.

⑦ Masahiro Sugiyama, Selina Khoo, Rob Hess, "Grassroots Football Development in Japan," *The International Journal of the History of Sport*, Vol. 34, No. 18, 2017.

究也颇受重视。图 1-1 显示，2000～2019 年有关校园足球的期刊和硕博
论文数量整体呈增长趋势。从学科类别来看，排名前十位的学科分别是体
育（3189 篇）、中等教育（1301 篇）、初等教育（689 篇）、教育理论与教育
管理（127 篇）、高等教育（22 篇）、医学（15 篇）、学前教育（14 篇）、中
国政治与国际政治（13 篇）、工业经济（12 篇）、特殊教育（10 篇）。不
难看出，国内学界对于校园足球的研究大多还是集中在体育、中等教育、
初等教育领域，而公共管理领域的相关研究略显不足。通过统计发现，
2000～2019 年，校园足球领域研究的课题也逐渐增多，国家社会科学基金
项目 45 篇，全国教育科学规划项目 3 篇，国家体育总局课题 3 篇，中国博
士后科学基金项目 4 篇，各省社会科学、教育厅项目 30 篇。综合来看，近
年来有关"校园足球"的议题得到了国内学者的关注，课题研究也日渐丰
富，取得了丰硕的成果。

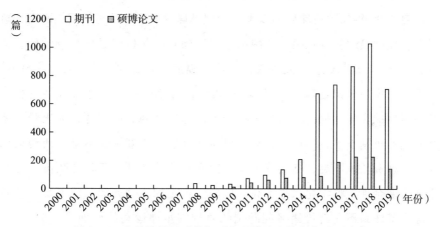

图 1-1　有关校园足球的期刊和硕博论文的发表时间统计

1. 协同治理的研究现状

改革开放以来，中国持续推进市场化改革，社会逐步从国家的框架中
脱离出来，自我意识与独立能力得以孕发，并日渐生长，然而日渐多元、
高度复杂和不确定的社会形态已然超越了传统线性、单向度的全能型政府
的供给范围，[①] 市场、企业、社会组织等主体逐渐参与到社会公共管理中
来。协同治理恰恰强调改变单一的自上而下的方式推动社会管理改革，引

---

① 薄贵利：《论优化政府组织结构》，《中国行政管理》2007 年第 5 期。

导形成市场经济体制下多元主体治理机制相互作用、替代和补充的治理结构。① 因此协同治理逐渐被学界关注和重视，目前已经成为一个日渐成熟的研究领域。协同治理不仅是中国社会经济发展的时代要求，更是政府应对公共事务的一种手段。② 多数学者认为协同治理可以解决公共事务方面的问题，如生态环境问题治理、公共服务供给、公共行政治理等，运用较广泛。另外，协同治理强调主体多元化。协同治理最初用于商业组织之间的战略协同，随着讨论的内容不断改变，治理主体逐渐拓宽到政府与企业、社会组织之间的协同。协同治理强调整体与各子系统的协同性和开放性，以及提升公共事务管理品质和效率。目前很多地方已经突破区域限制，如京津冀针对生态、经济等主题采用协同治理模式，实现了不同地方组织之间的竞争与协作。③ 协同治理将成为公共管理变革提升公共事务质量和效率的必然选择。

2. 青少年校园足球发展现状及对策相关研究

自 2009 年校园足球启动以来，校园足球发展现状及对策相关研究日渐增多。校园足球初具规模，全国和地域范围青少年校园足球特色学校、试点县（区）、改革试验区发挥集聚效应，辐射校园足球政策、人力、财力、资源等，推动校园足球活动开展。④ 很多研究基于全国及地方开展青少年校园足球的实际，探讨当前青少年校园足球发展遇到的问题，提出管理体制及运作机制不顺，"布点学校"布局不合理，政策保障不足，活动场地缺乏，师资教练不足，基层管理者、指导员、教练员、裁判员队伍专业性不强，课余训练科学化水平不高，校内学生足球活动开展严重不足，校园足球竞赛体系不完善等诸多问题制约着校园足球运动的开展。⑤ 部分研究

---

① 张振波：《论协同治理的生成逻辑与建构路径》，《中国行政管理》2015 年第 1 期。
② 曹任何：《合法性危机：治理兴起的原因分析》，《理论与改革》2006 年第 2 期。
③ 于文豪：《区域财政协同治理如何于法有据：以京津冀为例》，《法学家》2015 年第 1 期。李金龙、武俊伟：《京津冀府际协同治理动力机制的多元分析》，《江淮论坛》2017 年第 1 期。
④ 刘桦楠、季浏：《青少年校园足球工程的集聚效应与辐射效应》，《体育文化导刊》2012 年第 2 期。
⑤ 王东：《"校园足球"受困四大瓶颈》，《光明日报》2010 年 12 月 29 日，第 1 版。杨占苍：《校园足球发展面临三大难题》，《中国教育报》2010 年 5 月 28 日，第 2 版。王格：《我国校园足球活动开展的现状、问题及对策研究》，《沈阳体育学院学报》2011 年第 2 期。董众鸣、龚波、颜中杰：《开展校园足球活动若干问题的探讨》，《上海体育学院学报》2011 年第 2 期。

提出校园足球竞赛体系、注册管理系统、特色学校评估体系不健全,教育和体育职能部门的资质与对校园足球分工有待协调,社会组织的准入机制不健全、企业税收优惠机制缺乏等问题也是现阶段制约校园足球发展的因素。① 此外,部分研究运用治理、公共服务、可持续发展等理论,分析校园足球发展中的体制改革,梳理校园足球治理中存在的问题,探索校园足球治理路径。② 总之,既有研究普遍认为资源因素制约了校园足球活动发展。

3. 青少年校园足球协同治理相关研究

我国青少年校园足球自启动以来一直推行的层级管理体制容易造成央地政府间及政府内部各职能部门间的行动不一致及内耗,从而出现校园足球发展低效率的局面。③ 正是由于青少年校园足球发展中存在一些困境和问题,学界开始认为政府、市场及社会主体协同参与发展校园足球或许是一种理想选择。④ 学校、家长以及社会的支持是校园足球发展的动力源,当然在这些动力要素上存在着一定耦合不协调的问题。⑤ 有研究提出应当简政放权,培育社会内生能力,盘活社会资源,充分调动各方面积极性⑥,处理好校园足球发展中各方面的矛盾关系,实现价值和行动协同⑦。

---

① 李卫东、何志林、董众鸣:《青少年校园足球竞赛体系发展模式的构建》,《武汉体育学院学报》2013 年第 2 期。傅鸿浩、张廷安:《我国校园足球骨干师资国家级专项培训实践反思与发展策论》,《北京体育大学学报》2015 年第 11 期。张廷安:《我国校园足球未来发展中应当确立的科学发展观》,《北京体育大学学报》2015 年第 1 期。何强:《校园足球热的冷思考》,《体育学刊》2015 年第 2 期。

② 徐建华、桂雨晨:《基于治理理论的校园足球发展策略》,《体育科技文献通报》2016 年第 7 期;王超:《苏州市实施校园足球工程中的社会与家庭支持研究》,硕士学位论文,苏州大学,2016;李纪霞等:《全国青少年校园足球活动发展瓶颈及突破策略》,《上海体育学院学报》2012 年第 3 期;姜广义:《论校园足球软环境系统建设》,《沈阳体育学院学报》2017 年第 3 期。

③ 郑娟、陈华敏、郑志强:《我国校园足球资源困境与公私合作——基于多重制度逻辑视角》,《沈阳体育学院学报》2016 年第 4 期。

④ 张辉:《我国校园足球未来发展的注意问题——以我国首批校园足球布局城市学校足球发展情况为借鉴》,《北京体育大学学报》2016 年第 5 期。

⑤ 张华影:《校园足球发展的动力及其耦合机制研究》,《南京体育学院学报》(社会科学版)2016 年第 1 期;冯晓丽、刘婷:《山西省孝义市校园足球政校联动特色发展模式研究》,《体育文化导刊》2016 年第 6 期。

⑥ 唐铁锋、龚波:《上海"校园足球建设联盟"的创新举措与前瞻思考》,《西安体育学院学报》2016 年第 5 期。

⑦ 康喜来、李德武:《新形势下校园足球的角色定位和发展》,《吉林体育学院学报》2017 年第 1 期。

学者们从不同政府部门间、政府与市场间、政府与社会间的关系等方面进行了初步探讨，指出仅仅依靠政府主导来发展校园足球显得力不从心，多主体协同发展校园足球有其必要性。社会力量所具备的参与性、开创性、灵活性、低成本性等优势或特性，恰好能有效应对青少年校园足球呈现的资源不足问题。① 发展校园足球应该依托政策，助推多元主体共同参与校园足球治理，优化校园足球资源配置方式。② 当前国家体育总局与教育部联合成立的"全国校足办"与教育部门直属机构存在明显的职能交叉和利益冲突。③ 各级校足办应深入分析不同层面的利益博弈关系，提高校园足球政策执行力④，引导社会主体在校园足球开展过程中发挥独特作用⑤。中国校园足球产业主体均已出现，但政府部门对校园足球产业门槛、参与主体资质审核和市场规范等问题还没有明确的监管措施，在赛事商业开发、比赛电视转播权、后备人才归属权等方面还存在相互竞争、争议不断的问题。⑥

（三）国内外青少年校园足球相关研究述评

1. 已有研究总体评述

总体上看，近年来，学术界对校园足球治理的关注度越来越高，相关成果日趋丰富。笔者在梳理与分析现有研究成果的基础上，紧紧围绕校园足球治理问题，对校园足球发展现状、理论视角、体制机制等进行了系统归纳和评述，进而提炼出校园足球治理相关研究的主要观点，具体为以下三个方面。

首先，政策导向效果日益凸显。随着校园足球工程的推进，我国政府

---

① 毛振明、刘天彪、臧留红：《论"新校园足球"的顶层设计》，《武汉体育学院学报》2015 年第 3 期。
② 柳鸣毅、丁煌：《基于路线图方法的我国青少年校园足球治理体系研究》，《武汉体育学院学报》2017 年第 1 期。
③ 邱林等：《我国校园足球政策执行效果及主要影响因素分析》，《体育学刊》2016 年第 6 期。
④ 邱林：《利益博弈视域下我国校园足球政策执行研究》，博士学位论文，北京体育大学，2015。
⑤ 姜南：《我国校园足球政策执行的制约因素与路径选择——基于史密斯政策执行过程模型的视角》，《中国体育科技》2017 年第 1 期。
⑥ 邱林、戴福祥、张廷安：《我国校园足球发展中政府职能定位研究》，《武汉体育学院学报》2016 年第 6 期。

相继颁布和实施一系列校园足球政策法规,成为校园足球理论研究和实践指导强而有力的保障。我国校园足球相关研究成果增多,研究的领域不断拓展,促进了校园足球实践工作的开展。其次,我国政府在校园足球事业发展中起着主导作用。虽然部分学者已经提到校园足球治理主体多元化,但是更多聚焦在校园足球管理体制上,探寻校园足球管理体制创新。此外,研究者逐渐由关注校园足球供给数量转向关注校园足球质量与效率,注重校园足球服务供给的有效性。

2. 对本书的贡献

首先,校园足球治理相关研究为本书打下了坚实的基础。通过梳理现有研究视角和理论,深入分析不同理论对校园足球治理研究的贡献,探寻相关理论的局限性,确定了本书的视角,找到了本书的理论依据。其次,校园足球治理相关研究开阔了本书的研究视野。现有研究成果针对校园足球治理提出要追求参与主体多元化,为本书提供了有力的论点支持,为校园足球协同治理主体架构搭建提供了重要依据。最后,现有研究关注创新校园足球体制机制、鼓励政社合作、加大校园足球管理机构统筹协同力度等热点和现实问题,为本书进一步发现校园足球协同治理运行机制深层次问题指明了方向。

3. 有待进一步研究的内容

在大力推进青少年校园足球的背景下,校园足球治理应如何适应这种社会变化,如何创新校园足球治理模式以满足不同区域的需求,如何建立科学可行的运行机制,亟待学术界进行探索和做出回应。国内学者对青少年校园足球协同治理的研究还存在以下不足和局限。

首先,现有校园足球研究视角及理论具有一定局限性。国内研究过多集中在校园足球发展现状、管理体制、师资培训、竞赛体系等具体内容或单个执行环节。现有相关研究主要针对校园足球某一领域存在的问题展开论述,尚未将校园足球多个领域中存在的问题、原因等运用多学科理论进行系统分析,使得研究视角较为单一。其次,现有研究成果关注校园足球管理体制研究,侧重探寻行政部门之间的互动关系。校园足球相关政策文件反复强调校园足球需要相关部门、社会共同参与。相关职能部门如何实现协同参与?社会力量以何种方式参与校园足球服务,参与情况及效果如何?这些问题有待未来学界深入研究。最后，无论是青少年校园足球国外治理经验，还是国内现有研究均提出协同治理是发展校园足球的趋势。多元主体参与下如何更好地进行校园足球协同治理，如何通过实证研究找到影响校园足球协同治理效果的主要因素？在查阅文献过程中，笔者发现青少年校园足球协同治理理论和实证相结合的研究较少。这些是当前校园足球治理研究中亟需探索和解决的问题。

三 相关概念界定

（一）校园足球

自校园足球工程启动以来，学界针对校园足球提出了不同的概念界定。相关观点如表 1-1 所示，可以发现国内校园足球最早的概念出自国家体育局、教育部 2009 年发布的《关于开展全国青少年校园足球活动的通知》，其将校园足球界定为开展校园足球活动，核心目的是普及足球知识和技能，以及形成青少年足球人才培养体系。随后学者们纷纷对概念进行深化和功能细化，不仅添加了主管部分，还增加了目的，如增强学生体质健康、培养团结协作精神、培养学生全面发展。部分学者基于公共政策对校园足球概念进行了进一步深化。虽然学者们是按照不同的标准对校园足球进行分类的，但其核心要素基本一致。从表 1-1 可以看出，国内学者对"校园足球"进行界定时，都包含了三个核心要素，即服务对象为在校青少年，服务内容为各类足球活动，服务目标为立德树人。

表 1-1 国内部分具有代表性的校园足球概念界定

出处	年份	定义
国家体育总局、教育部	2009	在全国大中小学校广泛开展校园足球活动，普及足球知识和技能，形成以学校为依托、体教结合的青少年足球人才培养体系
李纪霞	2012	以增强青少年体质、普及和推广足球运动、发现和培养足球人才为目标，以所有青少年学生为对象，以形式多样的足球教育活动为内容
李卫东	2012	国家体育总局和教育部联合在全国大中小学开展的以增强学生们的体质健康，培养团结协作精神为宗旨的足球活动
侯学华等	2013	以增进学生身心健康、培养学生全面发展成为合格人才为目标，以广大学生为对象，以各类足球相关活动为内容
贺新奇、刘云东	2013	在普通学校内开展的足球活动，形成"规模大、成本小、风险低、基础厚"的特征

续表

出处	年份	定义
邱林	2015	为了增强学生体质、培养学生拼搏进取精神，促进学生德、智、体、美、劳全面发展，依托学校组织开展各项足球教育活动
傅鸿浩	2016	以在校学生为参与主体的足球活动，通过培养学生的足球兴趣、态度、习惯、知识和能力来增强学生的身体素质，培养学生的道德和意志品质，促进学生的身心健康

资料来源：国家体育总局、教育部：《关于开展全国青少年校园足球活动的通知》，体群字〔2009〕54 号，2009 - 4 - 12。李纪霞：《全国青少年校园足球活动发展战略研究》，博士学位论文，上海体育学院，2012。李卫东：《我国青少年校园足球竞赛体系的研究》，博士学位论文，上海体育学院，2012。侯学华等：《校园足球文化内涵研究》，《体育文化导刊》2013 年第 6 期。贺新奇、刘玉东：《我国"校园足球"若干问题再探讨》，《北京体育大学学报》2013 年第 11 期。邱林：《利益博弈视域下我国校园足球政策执行研究》，博士学位论文，北京体育大学，2015。傅鸿浩：《我国校园足球内涵式发展研究》，博士学位论文，北京体育大学，2016。

综上所述，目前校园足球的界定还不一致，较为多样，包含了广义和狭义概念。校园足球广义概念指以培养人的全面发展、普及足球运动等为目标的课内外足球活动。校园足球狭义概念指以政府为出资主体的课内外足球活动。本书的校园足球概念为广义的"校园足球"，倾向于傅鸿浩对校园足球的概念界定，即以在校学生为参与主体的足球活动，通过培养学生的兴趣、态度、习惯、知识和能力来增强学生的身体素质，培养学生的道德和意志品质，促进学生的身心健康。

（二）协同治理

在公共事务复杂难解、社会组织能力日渐增强的背景下，协同治理成了公共事务治理的常态解决方案。协同治理作为创新社会治理的一种实践性策略，其相较于传统的行政监管、行业自律和社会监督等具有整合性优势，能够实现多主体共同行动、结构耦合和资源共享。Donahue 认为协同治理强调联合政府内外力量，追求以资源共享的方式参与政府公共事务。[1] Ansell、Gash 认为协同治理强调公共机构与非政府部门利害关系人以正式、协商、共享等方式参与公共政策及公共事务管理等项目。[2] Chi 认为协同治

---

[1] John Donahue, *On Collaborative Governance*, Cambridge：Harvard University, 2004.

[2] Ansell and Gash, "Collaborative Governance in Theory and Practice," *Journal of Public Administration Research and Theory*, No. 18, 2007.

理强调多个参与方通过调整自身利益，追求共同目标，形成平等伙伴的关系。① 李辉、任春晓认为协同治理追求多个主体协调合作的有序架构，能够形成一个融合度高的治理网络。② 田培杰认为协同治理是政府与企业、社会组织、公民等利益相关者，共同承担责任，共同解决社会问题。③ 杨华锋认为协同治理是一种集合了公共部门、营利性机构与非营利性组织乃至公民个人的组织界定，是推进合作的行为，减少了不可预测性。④ 可以看到，国内外学者界定"协同治理"时，都包含了两个核心要素，即治理主体架构和运行机制。本书倾向引用田培杰对协同治理的理性阐释，认为协同治理具有多元化的治理主体架构、综合的运行机制，能够有效解决校园足球治理任务的跨界性、系统的协同性等各种问题。协同治理为有效实施青少年校园足球工程提供了理论视角和学术范式。

（三）校园足球协同治理

基于上文对"协同治理"的界定，本书将青少年校园足球协同治理界定为政府、企业、社会组织以及公众等利益相关者，为解决发展青少年校园足球问题，运用行政、社群、市场等机制，以协调、协商等方式化解冲突和矛盾，共同承担校园足球相应责任，形成有序的集体行为。本书主要从主体架构、运行机制入手探讨青少年校园足球协同治理，以减少不同主体间的隔阂和壁垒，推动相关资源、要素的高效集合，提升校园足球治理效率，促进校园足球可持续发展。

四　理论基础

（一）利益相关者理论

1. 利益相关者理论

多元利益集团的产生是社会结构变迁和多元利益分化的结果。1963 年

---

① Keon Chi, Four Strategies to Transform State Governance, http://www.businessofgovernment.org/report/four-strategies-transform-state-governance.
② 李辉、任春晓：《善治视野下的协同治理研究》，《科学与管理》2010 年第 6 期。
③ 田培杰：《协同治理：理论研究框架与分析模型》，博士学位论文，上海交通大学，2013。
④ 杨华锋：《协同治理——社会治理现代化的历史进路》，经济科学出版社，2017。

斯坦福研究院首次提出和界定利益相关者，强调不同利益群体之间互相依存，不同利益相关者对组织或企业生存和发展的重要性。^① 此后经过弗里曼、里德、康奈尔、夏皮罗、埃文、希尔等学者的发展，学界普遍运用利益相关者来描述组织或企业中个体或团体之间的密切关系，探索不同利益相关者之间的战略管理，探寻权衡不同利益相关者之间的价值创造与所有权分享。利益相关者理论关注的领域越来越广，逐渐拓展到经济、管理、社会学等领域。^② 弗里曼从识别、行为分析、管理战略角度制定利益相关者理论框架，^③ 试图定义、描述、解释利益相关者理论，提出满足所有利益相关者利益或创造更多价值的方法以解决价值创造问题。学者们分析了利益相关者的不同属性，对其进行类别区分的研究，如以企业为例，将企业所在社区、相关各级政府部门、NGO 等也视为利益相关者，^④ 探索权衡不同利益相关者之间的冲突及组织管理，并尝试使用"企业社会责任"等理论去分析社会问题。在校园足球资源相互依赖彼此互利的过程中采用利益相关者理论，既不是为了提升个别参与者的重要性，也不是为了否认主体间协议的作用，而是为了推动弱势利益集团的健康适度均衡发展，提升自我行动理性、责任感和合作意识，同时对强势利益集团予以有效治理。

2. 利益相关者理论与中国青少年校园足球治理的创新

校园足球涉及多个不同利益相关者的需求。校园足球是实现中国足球梦的奠基工程，可大力发展青少年足球，夯实足球发展社会基础。同时，校园足球是立德树人的育人工程，能够提高青少年的团队合作意识、竞争意识、规则意识，培养坚韧不拔的意志品质。校园足球既是提高国民健康素质、培育国民健全人格的保障，也是学校体育改革的探路工程。因此，就校园足球工作的深远战略意义而言，发展校园足球不仅有体育部门培养足球竞技后备力量的思考，也有教育部门提

① 张兆国：《利益相关者视角下企业社会责任问题研究》，中国财政经济出版社，2014。

② 〔美〕爱德华·弗里曼等：《利益相关者理论：现状与展望》，盛亚、李靖华等译，知识产权出版社，2013。

③ 江若玫、靳云汇：《企业利益相关者理论与应用研究》，北京大学出版社，2009。

④ M. Castellini, "Stakeholder Theory and Strategic Management in Third Sector: An Analysis on I-talian Cooperative Associations," *Procedia Social and Behavioral Sciences*, 2014.

升足球人口规模的思量，更是广大社会提升国民健康素质的追求。利益相关者理论是创新中国校园足球治理模式的必然选择。本书借用利益相关者理论，可以厘清多个参与者的关系，解释其倾向和利益诉求，探寻不同利益相关者之间的关系，剖析是否存在被忽略或被边缘化的利益相关者。

青少年校园足球涉及的因素庞杂，多元主体间利益关系复杂。因此需要识别校园足球中不同的利益相关者。有研究显示，校园足球政策执行中利益相关者为各级教育部门、各级体育部门、各级校足办、地方政府、校长、学生、家长、教练员、媒体、赞助商等。[①] 也有学者认为校园足球核心的利益相关者为体育部门、教育部门、家长、教练员。[②] 通过文献比较发现，依据不同的标准，利益相关者划分也不同（见表1–2）。本书根据追求的利益内容和组织化程度，将利益相关者分为企业、协会、机构和公众。企业，主要指经济性的企业化或公司化的组织，以追求经济性利益为主要目标，具体包括参与校园足球供给的企业，诸如市场保险企业、足球培训机构、俱乐部等。协会，包括足球行业协会、社会团体、民办非企业单位、基金会等。在协会型利益集团中，影响力较大、发挥着重要作用的当属足球行业协会，诸如足球协会、校园足球协会，其在足球教练员、裁判员等专业人才资源整合方面有着独特的优势。机构，指作为国家代表的政府部门，即中国青少年校园足球管理机构。由于参与部门较多，各部门容易将自己的"部门利益"凌驾于公共利益之上，偏离公共利益导向，追求部门局部利益。依据行业设置，主管部门容易出现部门重叠、功能交叉和利益冲突等问题，可能会运用自身优势取得有利于部门利益的政策结果。公众，以青少年学生、家长为代表，追求价值型利益。[③] 青少年校园足球的利益相关者多样化，需要形成良性的合作伙伴关系，共同合力实现青少年校园足球发展目标。

---

① 邱林：《利益博弈视域下我国校园足球政策执行研究》，博士学位论文，北京体育大学，2015。
② 王旭：《基于利益相关者理论的校园足球推广建议探究》，《体育科学研究》2018年第2期。
③ 陈水生：《中国公共政策过程中利益集团的行动逻辑》，复旦大学出版社，2012。

表 1-2　利益相关者的划分

学者	划分标准	分类
Frederick	影响方式	"间接的利益相关者""直接的利益相关者"
Charkham	群体与企业之间合同关系存在	"契约型"利益相关者、"公众型"利益相关者
Mitchell	合法性、权利性以及紧迫性	"确定型"利益相关者、"预期型"利益相关者、"潜在型"利益相关者
陈宏辉	利益相关者的重要性与积极性	"核心"利益相关者、"蛰伏"利益相关者、"边缘"利益相关者
李心合等	利益相关者的对抗性与合作性	"支持型"利益相关者、"不支持型"利益相关者、"边缘型"利益相关者、"混合型"利益相关者

资料来源：W. C. Frederick, "The Moral Authority of Transnational Corporate Codes," *Journal of Business Ethics*, Vol. 10, No. 3, 1991. J. Charkham, "Corporate Governance: Lessons from Abroad," *European Business Journal*, Vol. 4, No. 2, 1992. A. Mitchell, & D. Wood, "Toward a Theory of Stakeholder Identification and Salience: Defining the Principle of Who and What Really Counts," *Academy of Management Review*, Vol. 22, No. 4, 1997. 陈宏辉：《企业的利益相关者理论与实证研究》，博士学位论文，浙江大学，2003。李心合、赵明、孔凡义：《公司财权：基础、配置与转移》，《财经问题研究》2005 年第 12 期。

（二）治理理论

1. 治理理论

康斯丁等于 1996 年提出治理是为鼓励合作行动，政府、企业、非政府组织等多元主体之间为实现公共利益这个共同目标而形成的合作关系。其理性资源于多元主体的文化，控制形式为合作，主要优点是弹性化，服务供给焦点在委托人及顾客。[1] Stephen Goldsmith 和 William D. Eggers 认为治理是公共部门的新形态，是一种通过多元治理主体广泛参与提供公共服务的治理模式，主要寻求公私部门之间的协同作用。[2] 治理理念的核心是治理主体间的结构和关系，它承认主体的异质行为，通过相互交叠而复合形成一种网络化结构形态，改变松散自由状态转向开放、流动、有序的紧密状态。治理理论追求通过网络关系的构建、合作机制的完善，充分实现

---

[1]　Mark Considine, and Jenny M. Lewis, "Bureaucracy, Network or Enterprise? Comparing Models of Governance in Australia, Britain, the Netherlands and New Zealand," *Public Administration Review*, Vol. 63, No. 2, 2003

[2]　柏骏：《论网络化治理模式所蕴含的合作前景——基于对社会治理模式的比较研究》，《福建论坛》（人文社会科学版）2014 年第 12 期。

校园足球的多元参与及合作共治，它强调超越传统官僚制下单向的权力，强调不局限于政府部门间的合作，建立以合作伙伴及互动行为为基础的行动线，追求部门与社会组织之间充分且有效的公私合作。各级政府综合运用法律手段、行政手段、技术工具等方式，发挥其他主体所不能替代的作用，引导多元主体有序参与。

2. 治理理论与中国青少年校园足球治理的创新

治理理论推动政府部门和非政府部门行动主体彼此合作，共同管理校园足球各项事务，强调校园足球在制度、组织、技术、资源和观念模式等各方面进行统合协调，促进公共利益最大化。因此，治理理论对校园足球治理模式的创新体现在三个方面。首先，强调多元化的治理主体。校园足球系统中存在着多样化的行动主体，应当追求治理主体间的边界柔性化，① 克服因文化和价值观念等不同而产生的障碍，建立共享式的治理理念。其次，校园足球系统的多个参与主体之间存在交流和互动，传统的科层化、权威化的管理控制逐渐向沟通协调资源的方向转变，管理方式更为扁平化。② 多主体之间需要在信任分享的基础上建立竞争与协作的关系。最后，治理过程中的系统协作，不仅是一种资源分配过程，更是分配规则建立的过程。其中政府部门主要发挥"元治理"的作用，承担校园足球服务供给的规划者、生产者及培训者等多重角色。市场、第三部门可以利用高水平的公私合作特性，构建一种全新的资源整合的治理路径提供校园足球服务。

（三）协同治理理论

1. 协同治理理论

协同治理理论源于对治理理论的重新检视。协同治理就是寻求有效治理主体结构的过程，它强调各个主体之间的协作，指导多元组织协同发展，以实现整体大于部分之和的效果。协同治理重视治理主体多元化，有助于政府职能的简政放权，逐渐突破政府一元规制。此外，协同治理还注

---

① 孙健、张智瀛：《网络化治理：研究视角及进路》，《中国行政管理》2014 年第 8 期。
② 尚伟伟：《网络化治理视域下学前教育公共服务供给模式创新研究》，《学术探索》2016 年第 2 期。

重公共部门和私人组织之间的相互依存与合作，力图实现政府、市场和社会的良性互动。协同治理尊重竞争，更强调各子系统的协同性，运用协商对话、协调协作等机制，有利于畅通职能部门、社会组织、企业、公众表达自身利益诉求的渠道，在解决利益冲突、消除分歧、减少矛盾、加强沟通、协同推进的过程中实现各方利益的诉求，有助于缓解政府部门及社会博弈的矛盾，是政府与社会关系重塑的应然诉求。协同治理强调制定共同规则，通过政策等制度保障，形成合作、协调、信任、责任机制，重视协调技术平台，对多元治理主体集体行为进行监督与完善，从而提高协同绩效，达成集体行动。因此，协同治理理论有助于改善治理效果，从而提升校园足球治理能力。

2. 协同治理与中国青少年校园足球治理的创新

首先，协同治理强调重塑多元治理主体架构。校园足球协同治理需要打牢教学根基，完善训练体系，畅通竞赛体系，健全校园足球教学、竞赛、训练、保障等治理体系，同时实现校园足球与专业化足球、社会足球有效对接、融合发展。青少年校园足球协同治理目标的实现，不仅需要凝聚校园足球工作领导小组成员单位的力量，而且迫切要求动员全社会的力量开展有效的协同行动。校园足球中资金、场地、师资、竞赛等方面的问题已经超出单一部门的职责范围，单凭一个部门的力量无法解决所有问题。因此，青少年校园足球治理主体多元化，强调不同政府部门之间、政府与企业之间、政府与社会组织之间的协同，打通部门壁垒，完善发展校园足球的多主体合作格局。

其次，协同治理强调综合运用多种运行机制。资源动员强调突破政府包揽型供给，跨越不同系统的围墙，将足球领域的各个信息化孤岛连接在一起，形成一个连续的资源整合、内外贯通的过程。① 要充分调动各参与主体的积极性，利益分配是促进各协同方持续参与的动力机制。协同治理是一种集体行为，治理目标的共赢是协同治理得以开展的前提，也是多方利益主体参与校园足球治理的动力源泉。多元共治是提高校园足球行动协同效率的有效保证。政府与企业、社会组织之间通过沟通交

---

① 杨华锋：《协同治理——社会治理现代化的历史进路》，经济科学出版社，2017。

流、协商对话、相互合作等方式，共同研究青少年校园足球发展中的重大问题，有效解决了单一主体供给不足和碎片化治理带来的问题。校园足球协同治理是一个动态的行为互动过程，需要多方利益主体不断进行价值评估、行为决策，确保各方共同承担责任，实现共赢。①

五　研究目标与内容

（一）研究目标

第一，从历史与现实的逻辑出发，分析中国青少年校园足球协同治理的必然性。

第二，基于协同治理理论，构建中国青少年校园足球协同治理框架。

第三，结合区域案例研究，验证中国青少年校园足球协同治理框架的可操作性和实效性，探索区域校园足球协同治理效果的影响因素。

（二）研究内容

第一，从理论和实践层面阐述本书缘起，在文献调研和专家访谈的基础上深入分析国内外校园足球研究现状及不足，梳理"青少年校园足球"等相关概念的内涵与外延，基于利益相关者理论、治理理论和协同治理理论分析青少年校园足球治理中的各种关系与内容，介绍本书的研究目标、研究思路等。

第二，从历史与现实的逻辑，回顾校园足球发展历史，进行治理现状分析，探究校园足球发展历程、制度变迁，进而梳理中国青少年校园足球治理演进过程；从管理体制、治理模式、评价方式等层面，分析中国青少年校园足球治理现状，进而深入剖析中国青少年校园足球治理存在的问题，探索中国青少年校园足球治理困境的成因。

第三，以国外校园足球发展较好的地区为案例，深入探讨青少年校园足球治理主体架构和运行机制，阐述不同地区发展校园足球治理的共性与个性，比较分析韩国、日本、德国、英国等国的校园足球治理经验，为中

① 李汉卿：《协同治理理论探析》，《理论月刊》2014 年第 1 期。

国青少年校园足球治理提供理论依据和实践经验。

第四，基于中国青少年校园足球发展的历史背景、现实逻辑和国外治理经验，提出青少年校园足球协同治理理念，构建中国青少年校园足球协同治理主体框架，即部门协同、内外协同、府际协同、治理服务平台承上启下；构建中国青少年校园足球协同治理运行机制，即资源动员有力、多元共治有序、利益分配合理。

第五，笔者和课题组长期关注并参与北京市青少年校园足球治理顶层设计，了解北京市青少年校园足球治理现状，熟悉北京市青少年校园足球治理框架设计，该框架与本书提出的校园足球协同治理框架吻合，并且北京市青少年校园足球治理经验在国内具有引领性，故以北京市青少年校园足球治理实践为案例，验证校园足球协同治理框架的可操作性，探索性地提出影响校园足球协同治理效果的因素，为中国青少年校园足球协同治理提供理论基础和实践经验。

第六，结合北京市青少年校园足球协同治理经验，探讨了以下几个方面的内容：加强顶层设计，提升制度保障；培育多元主体，提高有效参与水平；实现合作共赢，完善运行机制。在此基础上为促进中国青少年校园足球协同治理提供政策建议与决策参考。

六 研究思路与研究方法

（一）研究思路

本书坚持理论与实践相结合的原则，坚持实践第一，重视科学理论指导，具体的研究思路如下。

第一，理论分析。本书通过深入文献分析，回顾中国青少年校园足球发展概况，分析校园足球的发展历程、制度变迁、治理演进，结合专家咨询，确立本书的研究目标、研究思路、理论基础。

第二，实践调查。本书通过搜集国内及区域校园足球发展统计数据，访谈校园足球领域的研究人员、实务工作人员、学生，实地考察北京、江苏、福建、青岛等地的足球特色学校，参加全国及区域校园足球集中调研会，等等，分析中国青少年校园足球治理现状、存在问题，探寻导致中国青少年校园足球现行治理困境的原因。

第三,理论构建。本书基于理论分析和实践调查,构建了"部门协同、内外协同、府际协同、治理服务平台承上启下"的主体架构,提出了资源动员、多元共治、利益分配等运行机制,以期实现教育部门主管、相关部门配合、行业协会支持、社会力量广泛参与的校园足球协同治理。

第四,实践检验。本书以所建构的理论为依据,以北京市为案例,运用问卷等调查法、社会网络分析法、数据统计法等研究方法,分析北京市青少年校园足球协同治理现状和特点,探寻影响青少年校园足球协同治理效果的因素。

本书的研究技术路线见图 1-2。

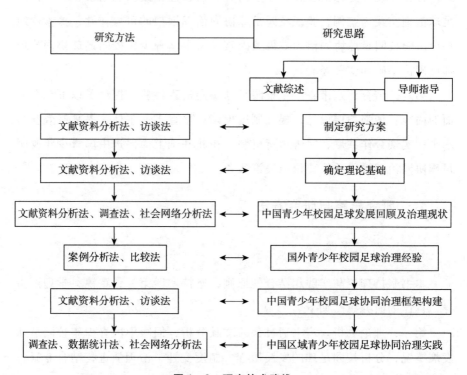

图 1-2 研究技术路线

(二)研究方法

1. 文献资料分析法

首先,中国青少年校园足球协同治理的相关文献资料收集。笔者在首都体育学院和福建师范大学图书馆、国家图书馆等数据库，分别以"协同治理""校园足球"为关键词，以 1994～2020 年为时间节点，搜索校园足球相关著作与论文、相关研究机构或研究团体的研究报告等文献，在分类、归纳、总结的基础上，间接获得一些记录数据，提炼出对于本书具有启发与参考价值的理论支持，了解学界对于中国青少年校园足球治理研究的成就与不足，为后续研究指明了方向与重点。

其次，政策文本收集。本书的政策文本涉及国务院、教育部、国家体育总局、财政部、民政部和国家发展改革委等部委颁布的校园足球相关政策文件，国内各省（区、市）推广青少年校园足球活动出台的相关文件，如各地校园足球活动发展规划、行动计划纲要、项目管理办法、指导意见、工作绩效考核评价方案等，为本研究提供支撑材料。

最后，新闻报道、研讨材料收集。新闻报道客观、真实地呈现了区域校园足球协同治理的积极探索经验。本书通过各级校园足球相关官网、《人民日报》等报纸，获取了相关案例的新闻报道。在推广校园足球治理进程中，各级政府主管部门组织召开各类校园足球研讨会、交流会、现场会，笔者由此收集了校园足球领域实际工作者和理论研究学者的发言材料，获取了全国及区域校园足球工作的具体做法和经验。

2. 调查法

（1）访谈法

在确定选题阶段，笔者于 2017 年 5 月参加了在北京举行的全国青少年校园足球工作研讨会，同年 8 月参加了在青岛举行的全国青少年校园足球改革试验区高水平发展青岛高峰论坛，听取了深圳、成都、青岛、厦门、内蒙古、上海等地区关于校园足球开展的特色经验介绍，听取了区域代表及专家学者就如何处理好校园足球普及与提高的关系、如何打通校园足球优秀人才上升通道等发表的一系列观点，并在此基础上，对部分区域代表进行访谈，了解校园足球实践开展特色和急需解决的问题。11 月，笔者参加了在北京举办的中法校园足球人才培养论坛，听取了中法两国教育界、体育界专家关于如何促进校园足球发展的专题研讨。

在全国现状调查阶段，笔者参加了教育部在北京举行的 2017 年、2018年、2019 年全国校园足球特色学校和试点县（区）评审、全国青少年校园足球试点县（区）校园足球工作的集中调研过程中，采用半结构化深度访谈形式（见附录1、附录2和附录3），对校园足球领域的管理人员、研究人员、特色学校负责人进行访谈，了解了校园足球治理现状，捕捉了现阶段校园足球治理存在的问题及治理特征。在区域实证研究阶段，笔者对北京市校园足球领域的管理人员、研究人员、特色学校负责人、学生进行访谈（见附录5、附录6），全面了解了特色学校足球软硬件建设情况、教学训练概况等，获取北京市青少年校园足球协同治理现状的信息。

受访者来源的多样性、观点的多元性能够确保研究结果的全面可靠。笔者在访谈前均向受访者阐述本项目的研究意义，确认各位受访者愿意接受访谈，并向受访者郑重承诺，所获得资料仅为学术研究之用，绝不另作他用，征得受访者的同意，对访谈进行了录音，将录音资料转录成文本，收集一手资料。笔者还及时对部分没有录音的访谈进行笔录，以便事后分析访谈内容。

（2）问卷调查法

本书设计了"北京市青少年校园足球特色学校建设调查问卷"（见附录4），调查对象选择了熟悉本校校园足球工作的学校负责人，问卷涉及两个部分，具体为北京市青少年校园足球特色学校足球开展情况和协同治理效果及影响因素。第一部分采用问卷形式，关注北京市校园足球治理体系建设概况，内容涉及校园足球组织领导、条件保障、教育教学、训练竞赛、校园文化等活动开展情况。第二部分采用量表形式，关注北京市青少年校园足球协同治理效果和影响因素。问卷和量表都经过信度、效度检验（详见第五章第一节数据来源与研究方法部分），检验结果显示，问卷和量表具有良好的信度与效度。笔者按照一个区5所特色学校，其中小学2所、初中2所、高中1所的原则，对北京市16个区共80所足球特色学校（2015年至2018年教育部和市教委批准的75所全国校园足球特色学校和5所北京市校园足球特色学校）进行了问卷调研。

（3）实地考察法

课题组结合各地青少年校园足球发展报告，利用校园足球研讨会、推进会及评估等机会，实地考察了北京、江苏、福建等地多所足球特色学校及主管部门，了解基层校园足球特色经验，考察材料真实性，这种研究方法是辅助性的资料收集方法。2017 年 11 月，课题组借助参加京津冀校园足球推进研讨会的契机，实地考察北京延庆区教委及康庄中心小学、旧县中心小学、八里庄中心小学等学校。2018 年 6 月 27～29 日，课题组借助参加全国青少年校园足球试点县（区）校园足球工作集中调研活动的便利，参观考察了海南幼儿园、海南小学、海南中学、海门市青少年足球训练基地、中南珂缔缘足球俱乐部、江苏省及海门市青少年足球校外活动中心、海门市青少年足球学校等，了解海门市中小学足球教学、训练、竞赛和"满天星"训练营建设情况。此外，课题组利用北京市及区域校园足球评估、北京市青少年校园足球工作推进会等调研机会，了解北京市青少年校园足球整体工作思路，掌握北京市青少年校园足球发展现状，了解不同主体如何参与校园足球顶层设计，以把握北京市青少年校园足球发展态势。

3. 比较法

比较法贯穿整个研究之中。首先，纵向上，本书从发展历程、制度变迁、治理演进等方面，以校园足球发展的标志性事件为划分依据，回顾中国青少年校园足球治理的历史脉络，分析中国青少年校园足球治理发展过程和现实背景，梳理中国青少年校园足球发展概况，进而揭示校园足球向协同治理转变的历史必然性。其次，横向上，本书从不同国家及地区探讨青少年校园足球治理的异同。本书从校园足球起步较早、发展效果较好的韩国、日本、德国、英国等国家入手，全面收集客观信息，通过对比不同国家在校园足球治理过程中同一维度的不同经验和做法，更深刻地理解校园足球治理的本质特征和客观规律。本书通过比较国内外校园足球治理现状，为中国青少年校园足球治理提供先进经验，也为构建中国青少年校园足球协同治理提供借鉴与参考。

4. 案例分析法

在案例选择方面，本书先从校园足球协同治理较为成功的国家及地区出发，结合校园足球不同发展阶段和条件基础，确定典型案例；然后，从数量和深度上考虑，借鉴 Eisenhardt 等提出的为提高研究结论的信度和效度，采用多个案进行研究的建议。因此，本书通过对青少年校园足球活动开展较为成功的日本、韩国、德国、英国，以及北京市部分区域进行客观的案例分析，结合从中国知网搜索获得的相关文献、百度与 360 搜索引擎搜索获得的相关度较高的新闻、校园足球相关官方网站的最新动态进行归纳总结，保证数据来源的多样性和信度、效度。基于此，本书欲深度剖析国外和北京市青少年校园足球治理的发生过程及运行机制，总结出有益于创新青少年校园足球治理模式的成功经验，为中国青少年校园足球协同治理提供论据支撑。

5. 社会网络分析法

笔者运用社会网络分析法，对现行青少年校园足球参与主体间的治理结构进行了刻画。本书主要采用社会网络分析法解决中国青少年校园足球治理主体架构建立中的两个问题：首先，本书通过测量关系强度指标，构建当前中国青少年校园足球治理主体结构的社会网络模型，从而实现对治理主体结构的定量刻画。其次，本书通过网络密度分析，反映当前中国青少年校园足球治理主体结构网络的整体状况；通过中心性等分析识别出当前中国青少年校园足球治理的核心利益主体；通过采用凝聚子群分析辨明当前中国青少年校园足球治理结构网络的社群组成，为治理主体结构的优化奠定基础。

6. 数据统计法

首先，笔者设法获得 2016～2017 年全国校园足球特色学校遴选材料，借用华奥国科体育大数据科技（北京）有限公司数据，对 11546 所全国校园足球特色学校的分布、类型、足球场地数据、拥有专职足球教师人数等信息进行统计，以掌握国家级青少年校园足球特色学校建设情况。其次，笔者通过收集国内大部分省（区、市）青少年校园足球发展报告等资料，对区域校园足球经费投入、场地建设、特色学校建设、足球特长生等数据进行整理，了解省（区、市）青少年校园足球发展概况。再次，笔者利用社会网络分析法，运用密度和强度等指标来衡量不同参与主体间的关系。最后，笔者利用多元回归分析，探索资源动员、多元共治、利益分配等维度对协同治理效果的影响，进而探索北京市校园足球协同治理的影响因素。

第二章
中国青少年校园足球发展回顾及治理现状

新中国成立以来，中国青少年校园足球发展呈现为不同的阶段特征和发展样态。中国青少年校园足球治理模式的创新，既是在科学理论的指导下进行的有益尝试，也是基于中国青少年校园足球运动的历史变迁所采取的客观合理的现实选择。因此，本章主要关注中国青少年校园足球发展回顾及治理现状。

第一节 数据来源与研究方法

本章数据主要来源于以下几个方面：第一，本书通过收集不同时期国家及区域层面校园足球相关政策、文献等文本资料，了解校园足球相关政策法规，包括各地校园足球活动发展规划、行动计划纲要、项目管理办法、工作绩效、考核评价方案等，梳理不同时期校园足球制度的变迁；关注国务院、教育部、国家体育总局等部门校园足球管理职能的变迁，阐述不同时期中国青少年校园足球领导组织机构职能的演变。此外，笔者通过关注全国校园足球试点县（区）工作交流群，收集国内大部分地区的青少年校园足球发展报告等资料，对国家及区域校园足球经费投入、场地建设、特色学校建设、足球特长生等数据进行整理，明确区域青少年校园足球发展概况，及时跟踪国家和区域层面校园足球工作重心，了解国家及区域校园足球治理经验和发展动态。

第二，本书通过大数据分析中国青少年校园足球治理现状。近几年首都体育学院承担全国青少年校园足球特色学校及试点县（区）报送材料审核和推荐的组织工作。在导师的推荐下，笔者有幸自 2017 年开始每年参加全国校园足球特色学校和试点县（区）的评审工作。全国青少年校园足球特色学校遴选材料由学校上报，经区域教育部门审核后提交教育部，材料全面、翔实。华奥国科体育大数据科技（北京）有限公司对获批的全国校园足球特色学校遴选材料进行大数据分析，建立国家级青少年校园足球特色学校建设数据库。本书主要分析 2016～2017 年获得的 11546 所全国校园足球特色学校的报送材料数据，着重分析这两年获得认证的全国校园足球特色学校的分布、类型、足球场地数据、拥有专职足球教师人数、竞赛组织、训练保障、人才输送等信息，对全国校园足球特色学校足球治理现状进行了了解。

第三，笔者积极参加 2017 年 11 月的京津冀校园足球推进研讨会、2018 年 6 月的全国青少年校园足球试点县（区）校园足球工作集中调研会、2018 年 7 月的北京市校园足球特色学校评审、2018 年 11 月的全国校园足球特色学校和试点县（区）评审等，采用半结构化深度访谈，访谈来自教育部门、体育部门、社会组织的有关人士及高校学者、特色学校负责人、青少年学生等，捕捉现阶段校园足球治理存在的问题，探寻导致校园足球治理困境的原因。本书根据选择样本的有效性和代表性，以及研究的可行性原则，确定三类受访对象：第一类，校园足球领域的研究人员（18人），即具体从事校园足球理论研究的工作者。第二类，校园足球相关领域的实务工作人员（18人），包括分管校园足球的中高层管理人员、校园足球特色学校负责人、协会负责人。第三类，校园足球特色学校的学生（30人）。

第四，研究数据源于教育部认定的 2015～2018 年全国青少年校园足球教学系统、训练、竞赛、保障等大事记，运用 Ucinet 6、Netdraw 软件进行社会网络分析，观察国家层面推动校园足球各行动体系互访和业务交流的情况，了解不同校园足球参与主体之间联系的紧密程度。本书通过中国政府采购网、中国采购招标网、教育部、国家体育总局、财政部等官网查询校园足球相关项目及活动的参与情况，利用实地考察调研等途径，获得中国青少年校园足球治理网络构建所需数据。本书选取 2015～2018 年国家层面的青少年校园足球大事记为调查对象，以 2015 年 7 月至 2018 年 12 月为数据采集时间范围，以各级部门及组织参与国家层面青少年校园足球治理的频度和效度为标准，将 19 个部门及组织确定为分析样本：中国足协（zx）、高校（gx）、地方教育局（dj）、地方体育局（dt）、教育部（jy）、国家留学基金管理委员会（lx）、教育部学生体育协会（tx）、国家体育总局（ty）、《中国教育报》（zb）、中国教育电视台（zt）、地方校园足球协会（xz）、地方足协（dh）、《中国青年报》（zq）、国家发展改革委（fg）、财政部（cz）、共青团（gq）、国家广播电视总局（xw）、国家外国专家局（wz）、中国教育发展基金会（jj）。本书在编码的基础上，使用二分法建立中国青少年校园足球参与组织的关系矩阵，如表 2 - 1 所示。本书将关系矩阵数据输入 Ucinet 6 软件，运用网络密度、点度中心度、中间中心度等指标，量化分析中国青少年校园足球协同网络结构和特征，同时采用 Netdraw 绘制多个主体之间围绕发展中国青少年校园足球目标形成的合作网络，并对网络特征与分布格局进行刻画，通过凝聚子群了解参与主体之间的结构状态和互动方式，这些研究有助于探讨如何促进校园足球协同治理。

表 2 - 1　中国青少年校园足球参与组织的关系矩阵

	zx	gx	dj	dt	jy	lx	tx	ty	zb	zt	xz	dh	zq	fg	cz	gq	xw	wz	jj
zx	0	0	0	0	1	0	0	1	0	0	0	0	0	1	0	0	1	0	0
gx	0	0	3	1	0	0	0	0	0	0	1	0	0	1	0	0	1	0	0
dj	0	3	0	1	11	1	3	2	1	0	1	1	0	1	0	1	1	1	1
dt	0	1	1	0	0	0	0	0	0	0	1	0	0	0	0	1	0	0	0
jy	1	1	11	0	0	1	1	1	1	1	1	1	2	1	1	1	1	0	1
lx	0	0	1	0	1	0	0	0	0	0	0	0	0	0	0	0	0	0	0
tx	0	0	2	0	3	1	0	0	0	0	0	0	0	0	0	0	0	0	0
ty	0	0	1	0	1	0	0	0	1	0	0	0	0	0	0	0	0	0	0
zb	0	0	1	0	1	0	0	0	0	0	0	0	0	0	0	0	0	0	0
zt	0	0	1	0	1	0	0	0	0	0	0	0	0	0	0	0	0	0	0
xz	0	1	1	0	1	0	0	0	0	0	0	0	0	0	0	0	0	0	0
dh	0	0	0	0	2	0	0	0	0	0	0	0	1	0	0	0	0	0	0
zq	0	0	0	0	2	0	0	0	0	0	0	0	0	0	0	0	0	0	0
fg	1	1	0	0	1	0	0	0	0	0	0	1	0	1	0	0	0	0	0

续表

	zx	gx	dj	dt	jy	lx	tx	ty	zb	zt	xz	dh	zq	fg	cz	gq	xw	wz	jj
cz	0	0	0	0	1	0	0	0	0	0	0	0	0	0	0	0	1	0	0
gq	0	0	1	0	0	0	0	0	0	0	0	0	0	0	0	0	1	0	0
xw	1	1	1	1	1	0	0	0	0	0	0	0	0	0	1	1	0	0	0
wz	0	0	1	0	1	0	0	0	0	0	0	0	0	0	0	0	0	0	0
jj	0	0	1	0	1	0	0	0	0	0	0	0	0	0	0	0	0	0	0

第二节　中国青少年校园足球发展回顾

回顾中国青少年校园足球运动发展历程，尤其校园足球政府管理机构及职权的调整过程，以及相关配套制度的建设过程，对梳理中国青少年校园足球治理概况具有历史镜鉴和现实启迪意义。

一　中国青少年校园足球的发展历程

本节以校园足球发展史上标志性事件的发生及法规的出台时间为依据，将中国青少年校园足球的发展历程划分为三个阶段：起步阶段（1949～1991年）、转型阶段（1992～2008年）、深化阶段（2009年至今）。

（一）起步阶段

新中国成立，百废待兴。为了尽快摆脱中国足球运动落后的现状，扩大国际影响，提高国际地位，满足人民的文化和体育需要，在学校足球覆盖面窄、基础较为薄弱的阶段，国家出台了一系列赶超型国家体育发展战略，鼓励有条件的业余体校和普通中小学开展足球活动。根据苏联开展体育活动的先进经验，国家开始在全国有条件的城市实施学校足球。[①]"文化大革命"时期，学校足球竞赛与训练制度基本废止，学校足球场地和器材

---

① 国家体委体育文史工作委员会、中国足球协会编《中国足球运动史》，武汉出版社，1993。

被占用和破坏，学生足球课停上。1972 年，为响应毛泽东同志"发展体育运动，增强人民体质"的号召，在周恩来总理的积极倡导下，五项球类运动会逐渐恢复，尤其全国足球联赛、全国青年足球比赛、小足球比赛得以恢复。① 随后教育、体育部门联合办学，根据足球教师的特长和足球场地设施条件等，创办国家级、省级足球传统项目学校，并在这些学校开设足球课程，开展足球课余训练。1979 年后，足球运动重点地区扩大到北京、上海等 16 个区域，逐渐形成一定的学校足球活动氛围。青少年足球运动员培养的数量和质量得到了较大提高，初步形成体教结合的足球人才培养体系（见图 2-1），即以各级足球传统学校为主体的教育系统下的"金字塔"模式。此阶段的学校足球活动以学校足球队为主要组织形式，主要针对少数青少年学生提供足球服务。体育系统对学校足球的投入整体偏少，城市中有条件开展足球教学的中、小学校数量有限，青少年足球普及面小，各级学校足球教学与训练处于各自为战的松散状态，青少年足球赛事活动弱化，竞赛体系不稳定，比赛类别较为单一。②

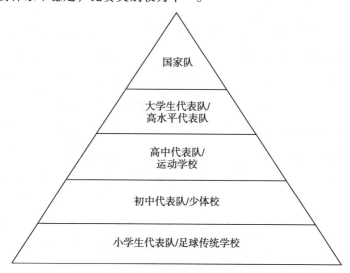

图 2-1 体教结合的足球人才培养体系

---

① 国家体委体育文史工作委员会、中国足球协会：《新中国足球运动大事记》，bbs. gzevergrandefc. com/forum. php? mod = viewthread&tid = 39421。

② 陈晴主编《中国足球运动百余年发展史》，华中科技大学出版社，2017。

（二）转型阶段

党的十四大提出中国经济体制改革的目标是建立社会主义市场经济体制。随后国家体育总局决定以足球项目为试点进行职业化改革，足球项目脱离体育部门的管理。1992 年，红山口会议开启了中国足球职业化改革的序幕，随之学校足球进入转型期，其发展重心得以转变。青少年足球培养人才体系发生了彻底改变，从以行政层次为依托转向以市场为依托，培养后备人才的具体任务由各职业俱乐部来承担，各级学校足球不再承担培养足球后备人才任务。此阶段，青少年参与足球项目的数量，2000 年达到 61 万人，之后开始急剧下滑，2005 年降到 18 万人，2006～2008 年继续呈现逐年下滑的趋势。① 学校系统足球关注度和经费投入降低，物质待遇低下，基层学校足球工作受挫，这些情况直接导致足球人才成才率直线下滑。因此，此阶段校园足球工作无法得到保证，举步维艰。②

（三）深化阶段

21 世纪中国正面临着社会转型的关键时期，人们的行为方式、生活方式、价值体系也在发生明显的变化。随着社会及教育改革逐渐注重人的全面发展，体育在促进人全面发展中的突出作用逐渐被开发，校园足球迎来了重要的发展时期。2009 年，为提升学生体质水平，培养学生拼搏精神和团队精神，促进学生身心健康，同时提高中国足球运动整体水平，中国决定在全国大中小学广泛开展校园足球活动。为体现足球的健身、娱乐、大众参与等基本特性，薛立提出将学校足球改为校园足球。体育系统主导对全国中小学开展足球活动进行布局，同时制定了相应的实施方案。③ 随后校园足球进入试验深化发展阶段。2015 年，为更好发挥足球育人功能，发挥教育部门优势，各级教育系统主导开展校园足球工作，完善校园足球内

---

① 钟秉枢等：《足球是圆的还是方的——中国足球发展与改革行业报告》，北京体育大学出版社，2011。

② 刘兵：《现阶段我国学校足球业余训练的现状与发展对策》，《安徽体育科技》2002 年第 2 期。

③ 国家体育总局、教育部：《关于开展全国青少年校园足球活动的通知》，体群字〔2009〕54 号，2009 - 4 - 12。

涵体系建设，结合地域特点展开调动社会资源参与校园足球服务等积极试验探索。此时从发展定位上看，校园足球不仅是体育教育的一个活动项目，更是促进学校体育综合改革的探路工程。

二　中国青少年校园足球的制度变迁

虽然中国出现针对性及密集性校园足球政策的时间不长，但是校园足球政策涵盖范围很广，既包括条例等成文性规定，又包括领导指示等不成文的内容。笔者梳理新中国成立以来中国校园足球相关政策文件，将中国青少年校园足球政策的演变与发展大致分为起步阶段（1949～1977年）、探索阶段（1978～2008年）、发展阶段（2009年至今）三个阶段。

（一）　起步阶段（1949～1977年）

这一阶段中国学校足球运动在场地稀少、设备简陋、人才奇缺的薄弱基础上起步，各部门对大部分普通中小学在足球教学、训练、保障措施等方面的规定颇为模糊，缺乏具体操作性要求。这一阶段以提出开展足球运动的决定等指示为主，专门的政策出台不多。从1952年开始，全国各大行政区相继成立体育学院，足球在各体院是一门主课，学校开始着力培养足球教师、教练员、裁判员，为发展足球运动做好了人才资源储备。青少年层面，足球运动率先在业余体校系统推广。1955年，国家体委参照苏联经验，结合中国的具体情况，在北京、天津、上海试办3所青少年业余体校，次年，各省（区、市）体委推广业余体校办学模式，使中小学足球训练初步衔接起来。[①] 1959～1961年三年困难时期，体育经费削减，全国青少年足球比赛等各级赛事基本取消，使得刚有起色的中国青少年足球竞技水平急速下降。针对中国足球水平不高的现状，1964年2月，国家体委、教委等部门联合提出广泛开展群众性足球运动，加强青少年足球训练，提高足球技术水平等措施，同时确定了北京、上海、天津等10个全国发展足球运动城市。同年，国家体委、教委、团中央联合发出在中小学开展足球活动

[①] 《当代中国》丛书编辑部编辑《当代中国体育》，中国社会科学出版社，1984，第110～111页。

的决定，要求城市有条件的中、小学校积极、适当开展小足球活动和少年足球赛。① 通知下达后地方迅速筹备足球比赛，对小学、中学等都进行了针对性部署。这些都是对中国足球运动起指导作用的重要文件，发布两年即见成效，中小学足球运动逐渐活跃起来。

（二）探索阶段（1978～2008 年）

这一阶段教育及体育部门正式出台了一些关于校园足球相关的政策法规，其中很多政策法规的出台都具有首创性，虽仍存瑕疵，但其对中小学足球活动的规范起到了重要作用，为后续的学校足球法规建设与完善奠定了基础。为提高中国足球技术水平，国家体委提出在青少年中大力普及足球运动。1980 年，国家教委、体委提出将足球活动纳入学校体育计划和共青团、少先队体育活动中，推动中小学普及足球运动。文件下发后十年，全国发展了多个足球运动城市，同时探索建设足球运动竞赛制度，如中小学三杯竞赛制度。② 1983 年，国家要求教育部门加大体育经费投入，数额不低于教育经费的 1%，以改善学校体育场地设施。为畅通足球人才培养通道，1987 年开始，国家教委将足球作为高校高水平运动队遴选项目之一，率先在全国 51 所试点院校招收高水平学生运动员。这个阶段部分学校有关足球的政策未能落地，诸如中国足协在《中国足球事业十年发展规划（1993—2002）》中提出，要在足球重点城市的中小学建立足球队。③ 又如 1993 年，国家体委出台《关于深化体育改革的意见》，鼓励体校与普通中学合作，诸如业余体校在普通中学试办二线运动队，然而受体制与足球职业化影响，很多地方的学校足球项目都停办了。鉴于现行体制存在的种种问题，中国足球界人士和教育部门急需探索符合中国国情的学校足球运动发展的新方法。④

---

① 国家教委、体委等：《关于在男少年中开展小足球活动的联合通知》，http://www.gd-info.gov.cn/books/dtree/showSJBookContent.jsp? bookId = 10837&partId = 900。

② 共青团中央、教育部、国家体委：《关于在全国中小学积极开展足球活动的联合通知》，https://wenku.baidu.com/view/8a8863aed1f34693daef3e6e.html。

③ 刘道彩：《足球拼的是实力不是命》，《中国青年报》2011 年 11 月 11 日，第 2 版。

④ 赖群阳：《振兴青少年足球运动教育部门义不容辞》，《中国教育报》2001 年 1 月 16 日，第 1 版。

(三) 发展阶段 (2009 年至今)

此阶段校园足球逐渐得到关注，相关政策法规密集出台。总体特点为：第一，校园足球顶层设计日趋完善。2010 年，国家体育总局、教育部等部门制定了《关于进一步加强运动员文化教育和运动员保障工作的指导意见》，提出将公办业余体校纳入当地教育发展规划。2013 年，国家体育总局、教育部修订了《体育传统项目学校管理办法》，致力于整合部门资源优势，为打造体教结合模式奠定基础。2015 年，国务院出台了《中国足球改革发展总体方案》，此方案强调跨部门间的资源整合，注重引导社会足球、校园足球、职业足球三者之间有序衔接。7 月，教育部联合其他部门提出了《关于加快发展青少年校园足球的实施意见》，对校园足球的总体要求、重点任务、保障措施、组织领导等做了部署。[①] 2016 年，国家发展改革委、国务院足球改革发展部际联席会议办公室 (设在中国足协)、国家体育总局、教育部联合重塑校园足球的宗旨、动力、导向、目标等内容。[②] 第二，校园足球支持体系逐渐完善。国家发展改革委与有关部门要求，到 2020 年，全国规划建设校园足球场地约 4 万块。[③] 各级教育部门制定青少年校园足球相关师资培训制度，用于解决足球师资短缺问题。为实现校园足球和青训体系的衔接，国家体育总局、中国足协、教育部联合出台了《中国足球青训体系建设"165"行动计划》《全国青少年校园足球教学训练竞赛体系建设的方案》《关于加强竞技体育后备人才培养工作的指导意见》，明确提出了校园足球是竞技足球后备人才培养基础。第三，校园足球领域规范体系逐渐完善。各级教育部门从校园足球教学、训练、竞赛等层面提出相应的规范要求，诸如青少年校园足球特色学校、试点县 (区)、改革试验区建设，以及质量管理与考核、教学指南、示范课教案及视频、学生足球运动技能等

---

① 教育部等：《关于加快发展青少年校园足球的实施意见》，教体艺〔2015〕6 号，2015 - 7 - 27。

② 国家发展改革委等：《中国足球中长期发展规划 (2016—2050 年)》，发改社会〔2016〕780 号，2016 - 4 - 11。

③ 国家发展改革委等：《全国足球场地设施建设规划 (2016—2020 年)》，发改社会〔2016〕987 号，2016 - 5 - 10。

级评定标准、① 竞赛体系建设规范等。因此，在政策理念上，校园足球制度保障体系逐渐完善，从足球课程逐步拓展到内容丰富、形式多样的训练和竞赛体系，为校园足球提供资金投入、专业技术指导与训练、竞赛组织、师资培训、足球场地等资源配置，为发展校园足球奠定良好的基础。

三 中国青少年校园足球的治理演进

通过对中国青少年校园足球的发展历程和制度变迁的梳理，笔者发现，中国青少年校园足球经历了由垂直管理向多主体治理的演进。

(一) 管理体系初步建立

新中国成立后，中国实行高度集中的计划经济管理体制，政府部门拥有对绝大部分资源的控制权和配置权。在借鉴苏联和一些东欧国家的基础上，中国青少年足球训练体制逐渐形成：一般开展学校—传统布局学校—区少体校—市少体校—省体校—专业队。由各地体委主要负责青少年足球培养工作，这是典型的计划体制下的产物。对于有条件开展足球训练的中小学，各级体委委派教练员，负责指导小足球活动和训练工作，竞赛所需经费由各级体委列入预算。足球传统布局学校与业余体校挂钩，探索体教结合的新道路，寻求培养足球后备人才的重要途径。② 不少重点地区把培训业余体校足球教练员和中小学足球队带队体育教师的工作及训练基层裁判员的工作列入计划。市、区体校利用课余时间，对那些身体素质较好、喜爱足球运动的青少年进行足球运动技术训练，为培养优秀足球运动员打下坚实的基础。无论是传统布局学校、业余体校还是普通中小学，其指导足球训练及竞赛的主体单位为各级体委，这种中小学课余训练与青少年业余体校训练的衔接，在中国校园足球发展的早期对足球运动员的培养起到了很好的作用。这一时期突出强调的政府部门在校园足球管理中的主体地位，也是随后很长一段时期内的共性。这一时期校园足球的管理监督部门以体育系统为主，监管职能分散在体育部门，这与校园足球监管侧重于少数学生的业余训练与竞赛有关。在

---

① 《教育部办公厅关于印发〈全国青少年校园足球教学指南（试行）〉和〈学生足球运动技能等级评定标准（试行）〉的通知》，教体艺厅〔2016〕4 号，2016 – 6 – 30。

② 国家体育总局编《改革开放 30 年的中国体育》，人民体育出版社，2008，第 68~69 页。

计划经济模式下，政府采用纯计划的组织形式，教练的工资和体育经费都是由国家拨款，"集中力量办大事"，只能在部分有条件的城市中小学及业余体校开展足球活动，主要采取体育部门直接主导并开展校园足球活动的垂直型管理模式。这一时期校园足球活动是在"政治动员"的情况下进行的，主要回应政府"行政任务，提高中国足球竞技水平"，其任何活动都以服务国家为主。

（二）治理模式初步探索

受经济体制变革影响，此阶段市场组织、社会团体开始参与校园足球服务供给。国内部分地区中小学校开始吸纳足球领域专业力量，鼓励足球专业资源支持学校足球开展工作。北京市体委聘请体育院校的足球运动专家、教练到中小学辅导足球运动，举办"三好杯"、"新兴杯"、"六一杯"、足球传统学校学生赛。各级学校通过上级政府拨款、厂企赞助、个人自愿捐资等多种渠道，筹集学校体育经费用于场地建设和器材配备，大部分省市引入企业赞助制度助力开展学校足球赛事。同时，受足球职业改革影响，各级政府部门将足球后备人才培养交由市场负责，如俱乐部、足球学校等机构。然而在新的职业化体制下，市场力量培养青少年模式未能有效建立。如俱乐部因追求自身短期利益不规范运作，导致缺乏对后备力量的持续性培养。足球学校作为新生事物，拓宽了足球后备人才的培养途径，但是由于高收费、学生出路难等问题，一度陷入发展困境。由此，足球学校由最多时的 4000 多所，下降到 20 多所。① 各级学校足球活动由于不受重视无法持续开展，青少年足球人口数量急剧下降，成为当时中国足球面临的最大危机。2000 年以后，各级政府部门受奥运会金牌战略、国家体制的影响弱化了对足球项目的投入及监管。足球项目由于投资大、见效慢不被政府所重视，很多体校的足球项目停止招生，学校足球"金字塔"模式被打破，足球后备人才培养体制发生改变。这个阶段尽管开放程度有限，多元参与程度有限，发展实效有限，但仍可喜地体现出"多元治理"

---

① 钟秉枢等：《足球是圆的还是方的——中国足球发展与改革行业报告》，北京体育大学出版社，2011。

之端倪。

（三）多部门治理格局初步构建

前期足球运动员成才率过低、渠道不通畅等问题，使学校足球业余训练很难找到恰当的位置，学校足球运动发展日趋萎缩。此外，中国基础教育仍以应试教育为核心，教育部门对学校体育教学工作、课余锻炼、业余训练等仍不重视，广大青少年学生体育活动缺失，体质健康水平连续下滑，其中速度素质和力量素质已连续 10 年下降，耐力素质连续 20 年下降，超重和肥胖学生的比例迅速增加，[①] 如何让体育促进人的全面发展引人深思。2009 年，体育部门在中国足协设立学校足球办公室具体执行校园足球工作，逐步形成以体育部门为主导，政府有关部门共同管理、共同参与校园足球治理的模式。该模式强调整合教育系统和体育系统各自的资源优势，探索出适合各地实际的校园足球治理模式。该阶段校园足球活动是"体教结合"的一次重大突破，第一次将校园足球定位目标指向大多数学生，第一次正式建立联合领导小组。[②] 然而因为多部门合作、分工，必然会涉及权、责、利划分，统筹难度也有所上升。校园足球的活动参与主体——学生主要分布在学校内，受教育部门管辖，与体育部门主导管理机制不对口，导致管理力度有限，相关政策、指令的执行力有所欠缺，校园足球陷入低效局面。[③] 此外体育部门虽然将校园足球定位为大众学生，但是实际操作中，仍局限于关注少数学生的学校足球课余训练及竞赛，无法实现校园足球普及目标。2014 年底，为发挥教育部门优势，校园足球管理机构转变为教育部门。2015 年 1 月，教育部牵头 6 部门成立全国青少年校园足球工作领导小组，随后中国足协与国家体育总局脱钩，也加入领导小组，变成了 7 个部门，其中教育部部长任组长，教育部副部长和国家体育总局局长任副组长。地方政府纷纷效仿成立区域校园足球工作领导小组，各级校园足球工

---

① 全国学生体质健康调研组：《2005 年全国学生体质与健康调研结果》，《中国学校体育》2006 年第 10 期。
② 张辉：《我国布局城市校园足球人才培养体系的研究》，博士学位论文，北京体育大学，2011，第 36 ~ 37 页。
③ 李纪霞等：《我国青少年校园足球活动管理体制创新研究》，《山东体育学院学报》2012 年第 3 期。

作主导单位为地方教育部门。此阶段，校园足球治理机构强调多部门的协同与合作，逐渐实现从单一部门向多部门的演进，追求超部门共同参与的跨越，[①] 逐渐重视多元治理主体准入制度。多元主体治理模式得到来自体制内自上而下的支持并唤起全社会广泛参与，这对既有的制度框架提出了前所未有的挑战。

笔者通过对中国青少年校园足球发展的回顾，给出了一些对中国青少年校园足球发展的启示：系统的政策法规为校园足球发展提供了良好的法律环境，市场机制和政府行为的有机协调是促进校园足球健康发展的动力基础，完整的校园足球治理体系有助于促进校园足球内涵式发展。国内不同区域校园足球应依据自身的优势与实际情况因地制宜选择发展模式。这些为未来发展中国青少年校园足球提供了宝贵的经验和启示。

第三节 中国青少年校园足球治理概况

一 中国青少年校园足球管理体制

目前，中国青少年校园足球实行国家、省（区、市）、区（县）、学校逐级管理。国家层面，教育部、国家发展改革委、财政部、国家广播电视总局、国家体育总局、共青团等部门组成全国青少年校园足球工作领导小组及办公室。地方层面，省（区、市）、区（县）、学校，成立省（区、市）、区（县）、学校校园足球工作领导小组及办公室。各级教育系统主要承担校园足球指导和实施工作，是管理校园足球的主要行政机构。

（一）中国青少年校园足球协同网络分析

为了更好地分析和表达，本书绘制了青少年校园足球行动者关系网络（见图2-2）。图2-2中箭头表示参与组织之间的协作关系。从图2-2可以看出，青少年校园足球协同网络辐射线较为离散，参与主体间的关系紧密

---

① 邱林、王家宏：《国家治理现代化进程中校园足球体制革新的价值导向与现实路径》，《上海体育学院学报》2018年第4期。

度不强，尚未形成比较完整的协同网络。具体而言，国家体育总局、共青团、财政部等与其他青少年校园足球参与主体联系较少，其中体育部门作为校园足球的专业指导部门尚未起到核心作用。中国足协、地方足协、地方校园足球协会、教育部学生体育协会、高校等单位的工作和联系范围往往只局限于本行业内，跨组织间的协作关系有待提高。教育系统组织协作关系比较紧密，集聚程度较高。这与 2015 年以后校园足球工作由教育部门主导有关。因同属教育职能部门，各级教育部门自上而下，着力构建校园足球各项工作协作平台，教育系统内校园足球协同度较高。

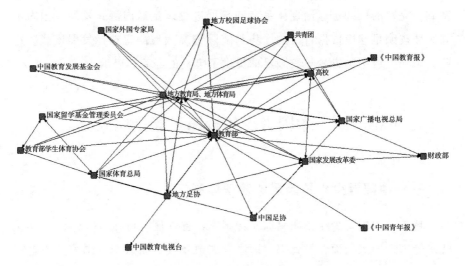

图 2 - 2　青少年校园足球行动者关系网络

（二）中国青少年校园足球协同网络密度分析

整体网络密度关注各个参与主体间实际拥有的关联数，反映了校园足球参与成员彼此联结的紧密程度。其值在 0 到 1 之间分布，密度越大，代表参与成员间的联系越紧密，信息交流越密切，整体网络对个体行动者的态度、行为等影响越大。密度越小，代表参与成员之间的互动程度越低，其参与校园足球治理的意愿也越低。整体网络的紧密性直接影响个体行动者的贡献率。本书对全国青少年校园足球活动开展的多个参与组织的整体网络密度进行计算，分值为 0.2602。这表明，国家层面推广校园足球政策、教学、竞赛、训练等事项中，参与成员的整体网络密度不高，参与成员间联结关系不紧密，互动程度不高，这增加了校园足球实施的阻力。全国青少年校园足球工作领导小组虽然已经涉及多个主体，然而部门设置集中性缺失，造成各部门之间分段切割，而部门之间协调的缺失，容易导致关系"碎片化"、互动"形式化"，这些都将导致协调及促进部门合作成本的增加。其中最大的问题是体育部门和教育部门在推广、运营及管理校园足球的具体工作中遵循着不同的理念与模式，部门壁垒让协作出现诸多难题。虽然很多政策中也规定了多个成员参与的合法性和必要性，但是这些主体在互联互通的深度上还有待进一步提升，这也是新时期校园足球改革中需要解决的重要课题。

（三）中国青少年校园足球协同网络中心性指标分析

点度中心度等中心性指标可以描述个体位置在全国青少年校园足球协同网络中的优先性和重要性，处于中心位置的参与组织相较于其他组织具有更大的影响力和支配权，是一种对不同组织间的活动能力、控制能力和依赖性的表达方式，主要反映个体行动者在校园足球社会网络中的重要性和影响力。点度中心度是指网络中节点和其他节点联系的数量，反映了青少年校园足球国家层面各实施主体的联系度。点度中心度包括出度和入度，出度高，代表某一节点对其他节点影响力较强，入度高，代表某一节点作为中介从别人那里获取信息比较多。

通过表2-2可以看出，教育部出度和入度都高，点度中心度较高且均衡，处于协同网络的中心位置。中国教育系统框架成熟，会员规模大、覆盖面广。作为顶层设计的教育部，掌握的教育资源较多，在教育系统内部具有较高的影响力和权威性，因此其在落实校园足球推广过程中容易得到教育系统的认同和响应。这一结果具有一定的普遍性，校园足球的文件大部分是教育部制定和颁布的。地方教育局出度高，入度较低，国家体育总局、地方体育局相反。地方教育局直接受教育部管理，以教育部为核心，直接执行教育部安排的任务，对其他参与主体影响力较大，而从其他组织那里获取信息比较少。地方体育局不受教育部直接管理，除了在校园足球竞赛方面有所参与，在校园足球教学、师资培训方面介入较少，承接校园足球活动也是从教育部接受指令和信息，被动性较强。地方体育局对其他组织影响力较弱。中国足协、教育部学生体育协会、地方足协和地方校园足球协会等组织处于第二梯级，虽然点度中心度分值不高，但分布相对均衡，意味着这些组织是教育部的核心资源，反映了行政部门和专业组织的交流和合作趋势。中国教育电视台和《中国青年报》等组织处于第三梯级，偏离于核心组织资源之外。这也恰恰说明，这些组织参与校园足球活动的积极性有待提高。

中间中心度刻画了不同行动者对校园足球资源的控制能力。若某一参与组织具有较高的中间中心度，意味着该组织对校园足球资源的控制能力较强，在沟通中具有桥梁作用。从表2-2可以看出，教育部及地方教育局的中间中心度较高，在协作中扮演着"中介人"的角色。实践中发现，全国青少年校园足球师资培训、竞赛训练等事项大多依托教育部门开展。值得注意的是，国家广播电视总局、地方体育局和国家发展改革委的中间中心度整体不高，但是分值接近，表明他们也逐渐成为重要的"中介人"。这些部门是全国青少年校园足球工作领导小组联席会议制度建立的重要参与者，未来越来越多的青少年校园足球协同行动将在这三者基础上展开。

表2-2 中心性指标

参与组织	出度	入度	中间中心度
教育部	16.000	16.000	170.363
地方教育局	13.000	4.000	36.148
国家发展改革委	7.000	6.000	17.251
国家广播电视总局	7.000	7.000	21.151
高校	5.000	6.000	9.555
地方体育局	4.000	13.000	20.867
中国足协	4.000	3.000	1.150
教育部学生体育协会	4.000	4.000	0.077
国家体育总局	4.000	6.000	2.327
国家留学基金管理委员会	4.000	4.000	0.077
地方足协	4.000	3.000	0.427
地方校园足球协会	3.000	3.000	0.827
《中国教育报》	3.000	3.000	6.384
共青团	3.000	3.000	0.077

参与组织	出度	入度	中间中心度
财政部	2.000	3.000	0.167
中国教育发展基金会	2.000	2.000	0.077
国家外国专家局	2.000	1.000	0.077
《中国青年报》	1.000	1.000	0.000
中国教育电视台	1.000	1.000	0.000

（四）中国青少年校园足球协同网络凝聚子群分析

在校园足球参与群体中，有一小部分成员之间联结紧密，形成凝聚子群，构成了校园足球协同网络当中的"核心群体"。通过对协同网络中的派系进行分析，能够很好地了解青少年校园足球的参与主体是如何嵌入网络之中的，并可以分析出哪些主体之间的联系更为紧密。本章运用 Ucinet 6 软件对青少年校园足球协同网络的凝聚子群进行分析，从而得到凝聚子群结构（见图 2 - 3）。结果显示，中国青少年校园足球协同网络初步形成了四个凝

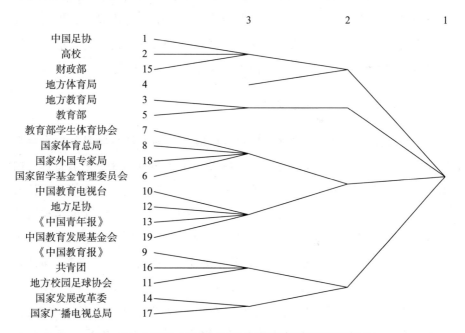

图 2 - 3　中国青少年校园足球协同网络的凝聚子群结构

聚子群。首先，教育部和地方教育局形成凝聚子群，构成了校园足球协同网络中的"核心群体"，对校园足球工作做出了重大贡献，承担了校园足球诸多推广工作。其次，中国足协、高校、财政部、地方体育局形成凝聚子群，虽然联结数较多，但是网络结构比较稀疏，其中地方体育局与中国足协、高校、财政部联系较弱。再次，教育部学生体育协会、国家体育总局、中国教育电视台、地方足协、《中国青年报》、中国教育发展基金会等形成凝聚子群。最后，《中国教育报》、地方校园足球协会、国家发展改革委等形成凝聚子群。国家层面上的青少年校园足球协同网络中，虽然各个主体之间联系密度不同，还需加强交流，促进相互间的互动和协作，但是不同主体的联络和衔接功能也慢慢凸显。

二 中国青少年校园足球的治理模式

2014 年 11 月，教育部牵头负责全国青少年校园足球工作。截至 2018 年，教育部通过设立全国青少年校园足球特色学校、高校高水平足球运动队、试点县（区）、改革试验区的方式形成四位一体的校园足球治理格局。故笔者以集中优势、重点突破、不断改进、示范引领为出发点，提出了发展青少年校园足球特色学校、试点县（区）、改革试验区、"满天星"训练营等多项试点建设思路，其治理模式主要分为以下几种类型。

（一）政府全能供给模式

政府全能供给模式是教育、体育等政府系统为发展校园足球提供全部软硬件资源，从而形成校园足球管理模式。自 2009 年以来，在教育部、国家体育总局等政府部门共同治理下，中国各级青少年校园足球特色学校发展初具规模。校园足球试点县（区）、改革试验区依托各级青少年校园足球特色学校，带动中国青少年校园足球工程建设。在制度体系上，校园足球已经上升到服务国家建设层面，政府逐渐完善校园足球法制、激励、协作体系建设，如出台各级青少年校园足球特色学校和试点县（区）遴选和评价标准。政府部门间的跨界协作，结合体育部门丰富的教练员、场地资源，教育部门的文化教育优势，财政部门的资金优势，推动有关青少年校园足球人力资源、场地设备、资金供给等方面的保障工作顺利进行。在方法体系上，政府利用行政手段高效整合多部门资源，宏观调控各项工作。以保障青少年校园足球投入机制为例，全国校园足球办公室统一下拨经费，省、市体育和教育部门按照 1∶1 给予配套资金。在运行体系上，各级政府高位推动，各级学校自上而下进行贯彻落实，使得校园足球在资金投入、师资配备、场地建设等方面有了快速发展。政府全能供给模式是中国青少年校园足球发展初期的主要模式。在该模式下的青少年校园足球治理过程中，市场和社会组织对国家的依赖性较强，很难成为青少年校园足球决策制定的核心主体。这一模式的弊端在于学校资源动员能力相对薄弱。[①]

（二）政府引导市场参与的政企协作模式

在主体结构上，足球俱乐部、培训机构等市场组织应是校园足球治理的重要组成部分。市场机制通过竞争性要求促进青少年足球教育组织的发展，吸纳优秀专业足球师资，提供专业场地设施，满足社会多元化和个性化的服务需求。此外还有一些大型企业通过为校园足球提供经费等方式，改善校园足球资源保障条件，从而提升校园足球供给服务水平。在制度体系上，政府发挥宏观调控、服务、监管等作用，逐渐形成培育和引导市场力量发展的制度环境。政府一方面通过立法手段，明确允许营利性培训机构的参与，并以教育手段引导各企业在追求经济效益的同时履行社会责任。另一方面政府通过经济手段，调动市场资源，缓解政府过重的财政压力。事实表明，企业不仅愿意参与校园足球场地建设，而且积极参与不同等级青少年校园足球赛的赞助。政府大力推广政府购买服务方式，鼓励青少年校园足球引入竞争机制，通过合同、委托等方式向市场力量购买足球服务。在运行体系上，政府自上而下制定了市场进入青少年校园足球的顶层设计，使得市场获得准入的可能，发挥市场力量在推广青少年校园足球中起到积极作用。政府与市场通过横向互动，互相学习借鉴、互动合作，进而实现协同发展，诸如国内职业足球俱乐部与"满天星"训练营、中小学建立帮扶关系，郑州市 85% 的校园足球特色学校通过外聘足球师资补给

---

① 吴丽芳等：《基于社会治理的青少年校园足球发展模式》，《体育学刊》2017 年第 4 期。

本校专业师资不足。① 当前，政府引导市场参与的政企协作模式是中国青少年校园足球积极探索和培育的发展模式之一。市场主体对国家的依赖性较弱，自主性逐渐增强，通过优胜劣汰的方式，助推青少年校园足球的高效率和高质量发展。该模式以市场力量为校园足球教育、培训和训练的主要供给实体。这一模式的弊端在于学校人口多、需求多样、基础条件差异大，导致对青少年的覆盖面相对较小，同时一些企业承担校园足球任务的动力不足。②

（三）政府指导社会参与的政社合作模式

在主体结构上，社会组织是撬动青少年校园足球治理创新体系的重要力量。按照中国现行法规来划分，非营利体育社会组织包括体育社团、体育类民办非企业单位和体育基金会。体育社团如中国足协，对校园足球的政策制定和推广起到非常重要的作用，中国足球发展基金会等体育基金会也开始致力于青少年校园足球普及与发展工作。中小学积极组织开展丰富多样的校园足球活动，并在对外的相关比赛中取得了优异的成绩，以加强校园足球文化建设。这些仍需要足球专业协会的全方位培训指导。国内多个区域成立校园足球协会，或借助足球专业协会，弥补校园足球在推广中的专业性不足。在制度体系上，随着《社会团体登记管理条例》《民办非企业单位登记管理暂行条例》《基金会管理条例》等颁布，各级政府陆续出台了体育社会组织发展的扶持政策，引导体育社会组织治理向规范化、制度化、法制化发展。在方法体系上，各级政府主要采用经济、法律、协商等方式，形成税收优惠政策，鼓励社会捐赠，吸引社会资本投入。在运行体系上，各级政府自上而下对体育社会组织进行引导与培育。同时，体育社会组织尝试突破学校界限，创新校园足球竞赛模式；联合业余足球俱乐部，探索建立社区公益学校；建立业余校园足球俱乐部，构建校园足球协会平台，使校园足球向校外拓展，将学校、家庭、社区及各个青少年组织联动起来。政府指导社会参与的政社合作模式是青少年校园足球社会治理的重要途径，使得社会组织对国家的依赖性逐渐减弱，自主性逐渐增

---

① 郑州市教育局：《重视体系建设 努力写好新时代》，http://www.moe.gov.cn/fbh/live/2019/51635/sfcl/201912/t20191220_412761.html。

② 吴丽芳等：《基于社会治理的青少年校园足球发展模式》，《体育学刊》2017年第4期。

强，共同推动青少年校园足球提质增效。这一模式的弊端是专业组织难以持久有序参与校园足球服务供给。

（四）政府、市场、社会共同参与的政企社合作模式

政府、市场、社会共同参与的政企社合作模式是青少年校园足球治理的理想模式。在主体结构上，不同治理主体保持相对独立和平等，既要发挥政府的主导作用，又要充分发挥市场、社会的作用，形成政府、市场、社会多元治理格局。目前德国、日本、韩国校园足球已采取政企社合作模式。在制度体系上，各级政府要形成科学、有效的法律、激励、协作制度。一方面强化政府制定规则和进行监管的"掌舵"功能，加强政府对市场、社会的监管；另一方面政府向社会分权、放权，积极培育青少年足球市场、社会组织。与此同时，各级政府要避免出现"总揽一切"或"过度退让"两个极端。此外，政府、市场、社会要加强互动沟通，避免部门之间的交叉和重复。在方法体系上，德国在制度、政策、经费等方面对校园足球进行宏观调控，通过税收优惠政策鼓励市场机构赞助校园足球，通过社会志愿活动服务政策鼓励社会组织有序进入校园足球治理体系。日本通过引入市场和社会机制，从足协、企业及社会得到的赞助完全可以应对球队日常的训练开销，可以全身心致力于校园足球开展工作。在运行体系上，行动主体主要采用自上而下、自下而上、横向互动等多维度的运行路径。发达国家校园足球发展的经验和启示表明，发展校园足球应该形成政府、市场、社会多元参与合作的协同治理格局，政府、市场、社会共同参与青少年校园足球决策的制定，各治理主体通过积极协商和相互支撑来努力实现治理目标，形成"国家在行动、市场在行动、社会在行动"的治理体制。[①]

三 中国青少年校园足球的评价方式

中国地域广泛，不同地区的学校足球条件差异较大。教育部坚持先行先试，通过青少年校园足球特色学校、试点县（区）、改革试验区创建推动各地校园足球发展。各级教育部门采用多种行政监督方式，督促各地落实校园

---

① 吴丽芳等：《基于社会治理的青少年校园足球发展模式》，《体育学刊》2017 年第 4 期。

足球工作。各级教育部门定期采用撰写工作报告、组织填写问卷、开展实地调研等方式对区域校园足球场地建设、教学、校内竞赛、校际联赛等方面进行深入调研。如为了提高青少年校园足球特色学校、试点县（区）、改革试验区、"满天星"训练营建设质量，各级教育部门通过组织专家或委托团队制定了量化各级青少年校园足球特色学校、试点县（区）、改革试验区等的遴选指标，加强对区域校园足球实施情况的评估督导。又如为了丰富校园足球评价的参与主体，各级教育部门采用受训学员的满意度问卷调查方式，对校园足球师资培训、精英训练营训练等工作进行评估。同时各级教育部门将校园足球工作纳入教育督导的职责范围内，开展了校园足球工作建设评估，定期对为校园足球工作做出贡献的单位、学生、教师、家长、媒体和企业等群体进行表彰奖励，涵盖优秀特色学校、优秀教师、未来之星等 13 类奖项。

为避免校园足球项目评价过程主观性过大、评价功利化倾向等，各级校园足球发展评价逐步引入第三方评估系统。国家级青少年校园足球特色学校、试点县（区）、"满天星"训练营要经过学校和县（区）自主申报、省市级教育行政部门推荐、教育部综合认定三个阶段的遴选程序。2015 ~ 2018 年，教育部委托北京市校园足球协会及华奥国科体育大数据科技（北京）有限公司进行国家级青少年校园足球特色学校遴选工作。以 2016 年、2017 年为例，2016 年申报全国校园足球特色学校总数 8939 所，获批数 4753 所，申报通过率 53.2%。2017 年申报全国校园足球特色学校总数 9073 所，获批数 6837 所，申报通过率 75.4%。数据显示，大部分省（区、市）以委托高校、足球协会、教育部门等形式完成地方校园足球特色学校定级工作。在此基础上，为监督全国青少年校园足球特色学校建设质量，教育部委托高校专家力量定期完成全国性调研任务。从 2015 年开始，教育部开展不定期教育督导、回头看等活动，通过组织专家、委托高校及社会组织进行校园足球特色学校建设与复核工作。如 2017 年底，教育部复核校园足球特色学校建设情况结果显示，以百分制计算，校园足球特色学校复核平均得分为 87.79 分，优秀率为 74.12%。[①]

---

① 全国青少年校园足球工作领导小组办公室组编《全国青少年校园足球发展报告（2015—2017）》，北京体育大学出版社，2018，第 19 页。

第四节　中国青少年校园足球治理的现实困境

一　社会力量参与不充分

如表 2-2 所示，教育部门、体育部门、足协等在推进校园足球发展方面承担主要工作，企业、俱乐部、相关协会处于校园足球的边缘位置。受传统的"大政府，小社会"的社会结构影响，校园足球的参与主体呈现以政府为主体的单中心治理特征。当前社会参与校园足球的意愿不强，社会力量总体在校园足球工作中尚未发挥应有的作用。

（一）社会组织尚未成为校园足球治理主体

社会组织在参与校园足球服务方面拥有专业优势，尤其是一些足球项目社会组织，如社会团体、民办非企业单位、基金会等。校园足球协会是足球项目社会团体的构成部分，从事校园足球运动普及推广具有专业优越性。足球俱乐部是足球类民办非企业单位的构成主体。全国社会组织信用信息共享服务平台显示，我国有足球协会 1660 个，校园足球协会 22 个，足球项目基金会 8 个，足球项目民办非企业单位 1601 个。① 足球项目社会团体以各级足球协会为主，校园足球协会数量相对少，成立时间晚，如北京、青岛、广东、山西、四川等地先后成立地方校园足球协会。各区域足球项目社会团体和民办非企业单位发展概况见图 2-4，广东、山东、江苏、内蒙古等地数量较多，西藏、青海、宁夏等地数量较少。在足球发达国家，足球项目社会组织的充分参与是校园足球全面发展的保障。虽然社会组织参与校园足球治理的广度逐渐加深，但是当前社会组织尚未真正成为校园足球治理主体，主要体现在社会组织参与校园足球治理的广度和深度有待提高。各级足协成为校园足球工作领导小组的重要成员之后，应扮演校园足球领域的专业角色。足协参与校园足球治理更多体现在竞赛设计

---

① 全国社会组织信用信息共享服务平台，http://www.zggov.cn/。

方面，关注青少年足球专业人才培养，然而国家层面青少年校园足球竞赛体系一体化设计还有待完善，各级校园足球与青少年足球赛事、赛程等方面融合性有待提高，诸如赛事时间冲突、参与限制较多等。各级足协系统仍较少参与校园足球师资培训。在国家级校园足球相关工作人员培训中，国家级校园足球教练员培训由中国足协委派 D 级教练参与培训指导，其他级别师资培训则以教育系统为主。区域校园足球师资培训很少由地方足协承担。虽然大部分区域足协开始探索校园足球领域师资 E 级教练员认证以实现教练员体系的贯通，但是各级足协系统在整个校园足球师资培训过程中的参与明显不足，使得基层教练训练理念、训练内容、训练方式参差不齐，影响校园足球领域教学、训练的整体专业性。此外，各级足协在校园足球教学、课余训练方面参与不足。虽然教育、体育部门与足协在青少年参与国家级夏令营基础上，确定校园足球运动员等级认证，但是足协较少参与在校园足球教学、训练标准及运动等级标准，如校园足球训练大纲，使得各级特色学校的训练计划、评价及选拔标准不太统一。综上，无论是足球项目社会组织的数量还是政策、技术、资源支持等方面，社会组织参与校园足球治理的广度和深度有限，尚未真正成为校园足球治理主体。

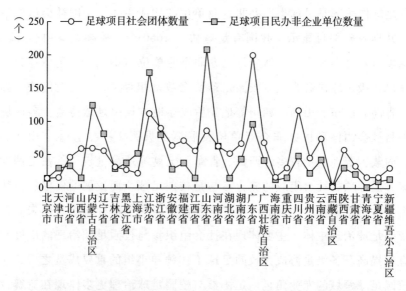

图 2-4 各区域足球项目社会团体和民办非企业单位发展概况

资料来源：中国社会组织网。

（二）企业尚未成为校园足球治理主体

企业作为校园足球生产服务领域的市场力量，应承担部分向学校提供科学、合理足球服务的基本义务。受体育产业及发展足球的政策利好影响，足球培训机构等企业逐渐增多，业务范围涉及校园足球师资培训、训练、赛事组织、场地建设、安全保障、教学平台建设、赛事数据挖掘等领域。从国家层面来看，校园足球师资培训、经费投入、场地建设等保障性工作基本依托相关政府部门供给。企业有反哺社会的责任，很多企业选择通过赞助、捐赠等方式反馈社会。然而长期关注和投资青少年校园足球事业的企业不多，其中以体育企业为主。

校园足球教学指南、教学大纲、教学指导主要依托教育部门的资源支持，班级、校队、县（区）夏令营、"满天星"训练营等训练主要依托教育部门、体育部门的资源支持，虽然允许企业以政府购买服务形式参与校园足球治理，但足球相关企业受发展时间、资源条件等影响，还很难与有制度和资源优势的政府部门相比较。实地调研发现，区域政府部门也会采用政府购买服务形式弥补资源不足，然而能够为校园足球提供优质技术服务的企业有限。俱乐部承担着做好青训、凝聚城市力量、培养青少年足球兴趣的责任，应该在青少年教育、校园足球、健康促进等各个方面努力，然而俱乐部参与各省份校园足球工作的总体形势不容乐观，对青少年校园足球的供给服务不足。此外，国家级校园足球竞赛主要依靠政府投入，当前常态化捐赠、赞助校园足球行业的企业不多，大部分企业较少将目光投向校园足球竞赛领域。很多省市级中小学足球比赛，几乎没有企业愿意赞助，只有较少企业愿意赞助或捐赠学校足球场地和装备。部分区域开始探索由俱乐部组织青少年校园足球竞赛，但是这样的区域数量较少。

二 管理体制不健全

当前校园足球改革逐渐突破单一系统的樊篱，发挥优势互补，实现资源整合。如何以国家体育总局、教育部学生体育协会、中国足协、地方足协、高校为治理平台，形成完整且紧密的青少年校园足球协同网络是校园足球改革中需要着力解决的问题。从全国实践来看，校园足球管理体制存在如下问题。

(一) 部门条块分割

中间中心度刻画不同行动者对校园足球资源的控制能力。统计发现，教育部及地方教育局具有较高的中间中心度，对校园足球资源的控制能力较强，在协作中扮演着"中介人"的角色，在各个行动者中起着沟通桥梁作用。国家体育总局、地方体育局等体育组织的中间中心度整体不高，尚未成为重要的"中介人"。教育部门、体育部门局限于自身的资源，各自为政，尚未突破部门樊篱，仍囿于体制内的条块分割模式。以训练体系为例，足球协会、业余体校、青少年足球俱乐部都为了培养青少年运动员运动兴趣、发现苗子，不断筑厚后备人才培养的基础。当前教育部门大力建设"满天星"训练营，以健全体教结合校园青训体系，畅通校园足球训练体系。然而校园足球青训体系与其他系统青训体系，如省市体育系统青训体系、职业俱乐部青训体系、社会俱乐部青训体系，仍无法实现有序衔接。中国足协以会员协会为依托，建立了国家级、省市级青训中心体系，国家级每年补助 200 万元，省市级每年补助 80 万元。让不同系统的多元化人才培养体系实现无缝衔接尤为关键。想要发展校园足球，需要注入大量资金升级改造软硬件设施，但由于区域资源条件不同、能力不同，获取政府资助有限。此外，部分区域无法集中用力，资源浪费严重，整体供给更加不足。全国青少年校园足球工作领导小组涉及的部门增多，体现了国家在校园足球领域强化部门协调、整合部门利益的决心，主导部门也从体育部门转向教育部门，这是监管权整合的一大进步。合并的机构、联合的团队需要寻找跨部门合作方式。然而参与部门各自的工作职能不同，跨部门合作的责任权限、协调方式等缺乏明确规定，直接影响不同部门对校园足球工作的"无缝对接"。因此整合的有效性、可行性、实效性还有待观察。体育、教育、新闻、财政、共青团等部门跨域交流合作有限，使得部分政策之间的矛盾无法得到及时解决，降低了校园足球政策执行效能。

(二) 问责机制有待健全

行政问责机制呈现明显的由上至下的监控形式，这种形式不仅能够有效地监控违规行为，而且也能提高校园足球治理绩效，是保障校园足球工作质量的重要防线。然而当前行政问责机制不健全，导致校园足球的外部约束相应缺失。校长是校园足球落实的第一责任人，校园足球发展情况应作为校长业绩考核及学校事务考核的重要标准。青少年校园足球特色学校建设存在违规、形式化等不规范事件。国家对校园足球师资培训、场地建设等均加大投入，出台了一系列青少年校园足球特色学校建设规范。当前青少年校园足球特色学校实行准入制度，各级教育部门通过评审与认定，将青少年校园足球特色学校划分为不同等级，而建设标准目前还在探索。此外，虽然教育部要求各地建立督察制度，但区域在一定程度上存在建设盲目性。评建都是教育系统内部的事情，这种同体问责形式严重影响了行政问责机制的权威性及有效性。

（三）追踪机制不完善

追踪机制是校园足球治理的强力保障，它能保证完成区域校园足球各个环节的工作任务并进行目标完成度反馈，有利于及时对校园足球工作质量进行核查，明确校园足球措施的落实情况，尽早发现困难并寻求破解方案。目前，中国已经启动关于青少年校园足球特色学校、试点县（区）、改革试验区及"满天星"训练营建设追踪机制的专项研究。近年来教育部开始定期到地区考察调研，召开校园足球相关会议，开展专题调研工作。地方政府也已开始尝试建立校园足球特色学校建设追踪机制，如北京市教委托第三方开展北京市校园足球特色学校建设质量评价，上海市教委借助上海校园足球联盟平台，关注各级学校发展校园足球情况。尽管开始尝试并初见成效，但部分区域校园足球追踪机制尚未完善，尚不能满足中国校园足球治理的需要，主要表现在四个方面。其一，追踪碎片化，无法关注到各级校园足球常态化实际工作。其二，技术基础薄弱，各级青少年足球信息管理相对滞后。其三，为中国足球提供专业服务的社会组织信息化水平参差不齐、组织化程度不高。其四，对参与校园足球治理的情况的记录也不规范，制约了各级社会组织对自身校园足球工作的追踪完善。此外，相关职能部门责任意识不强，不能督促检查学校开展足球活动，无法实现追踪校园足球开展的实际情况。

三 校园足球服务供给不足

校园足球活动是一项系统工程，需要畅通资源共享通道，协调推进保障体系、教学体系和训练体系。

（一）保障体系不足

首先，经费保障不足是中国青少年校园足球发展的制约因素。教育部公布的统计数据显示，2015～2017 年，中央财政已累计投入 6.48 亿元校园足球扶持资金，用于校园足球教学、培训、训练、比赛等方面。[①] 国家级校园足球师资培训费用由中央财政负责，每人每天 450 元补贴培训单位。此外，中央财政连续三年投入 100 万元经费支持国家级"满天星"训练营建设。地方政府设置的校园足球专项经费，主要用于扶持青少年校园足球特色学校、试点县（区）建设，师资培训，区域赛事组织等。各区域校园足球发展报告显示，地方校园足球专项经费投入差别较大。经济发展较好的区域，政府投入校园足球专项经费偏高，而其他区域政府部门投入校园足球专项经费未能到位。近年来，虽然各级校园足球职能部门都有加大经费投入，但是调研中很多基层学校反馈校园足球经费仍非常有限。这些特色学校获得上级的财政支持经费有限，难以承担学校校队常态化训练及比赛费用（交通费、住宿费、餐饮费），部分学校依靠体育经费和行政经费来增补日常球队训练费用，很多学校无法支撑球队日常消耗而放弃发展。[②]

其次，足球场地不足是影响校园足球工作开展的重要因素。近年来，中央财政予以补助，地方政府予以配套，各级政府通过加大公共财政投入，共同支持学校足球场地设施建设，使得各级校园足球场地逐渐摆脱了供给不足的状况。如内蒙古财政厅投资 6.13 亿元建设 613 个学校足球风雨场馆。2017 年，浙江省教育厅将校园足球场地建设纳入教育为民办实事项目，投入 7867 万元，在 157 所中小学新建了笼式足球场。福建省教育厅将

---

① 全国青少年校园足球工作领导小组办公室组编《全国青少年校园足球发展报告（2015—2017）》，北京体育大学出版社，2018，第 18 页。

② 董众鸣、龚波、颜中杰：《开展校园足球活动若干问题的探讨》，《上海体育学院学报》2011 年第 2 期。

青少年校园足球场地新建改扩建工程纳入 2018 年福建省为民办实事第九项完善公共体育服务工程项目，总投资 1.56 亿元，建设 11 人制足球场 43 块、7 人制足球场 53 块、5 人制足球场 111 块。2015～2016 年，厦门市财政与区（市）财政各安排资金 3000 万元，用于新建、改造 100 处笼式足球场。2017 年，山东省新建足球场地 1000 余块，累计投资达 19 亿元。同年，湖南省发展改革委设立 3000 万元专项资金用于新建、改造足球场地。① 《第六次全国体育场地普查数据公报》显示，中小学足球场地仅 5631 个，其中 11 人制足球场 2427 个，室外 5 人制足球场 1792 个，室外 7 人制足球场 1410 个，室内 5 人制足球场 2 个。② 调研发现（见图 2－5），2016 年拥有 1 块及以上足球场地的国家级青少年校园足球特色学校数量为 4729 所，足球场块配置达标率为 99.5%。2017 年，拥有 1 块及以上足球场地的国家级青少年校园足球特色学校数量为 6811 所，足球场地配置达标率为 99.6%。国家级青少年校园足球特色学校基本实现了场地发展规划中的全国目标，即至 2020 年每个中小学足球特色学校均要建有 1 块以上足球场地。③ 但是，从国家级青少年校园足球特色学校评审中发现，仍有小部

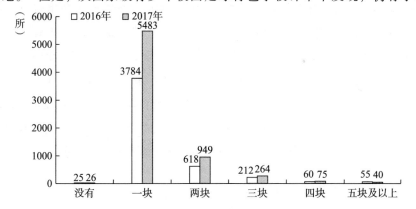

图 2－5　国家级青少年校园足球特色学校足球场地概况

---

① 《湖南 2017 年青少年校园足球场地建设实施方案通知》，http://hn.qq.com/a/20161208/015635.htm。

② 《第六次全国体育场地普查数据公报》，https://www.sport.gov.cn/n4/n210/n218/c328625/content.html。

③ 国家发展改革委：《全国足球场地设施建设规划（2016—2020 年）》，发改社会〔2016〕987 号，2016－5－10。

分特色学校尤其是经济不发达区域的学校没有足球场地，部分学校足球场地条件差，有的是水泥地、泥土地、煤渣地，甚至是多功能场地。省市级青少年校园足球特色学校足球场地整体不如国家级，增加足球场地供给是校园足球工程的重要保障。

最后，师资总量不足、专业化水平不高是制约校园足球发展的关键。近几年，为提高校园足球有关专业人员工作能力和综合素养，各级教育部门积极组织国家级、省级、市级等多层次骨干师资、中小学校长、体育教研员、退役运动员、教练员、裁判员赴外留学项目，选派外籍教练等培训活动，基本形成了校园足球师资国内外培养培训体系。教育部致力于通过培训骨干教师、校长、退役运动员、教练员、裁判员等提升校园足球特色学校师资整体力量。[①] 在地方层面，各省份开展地方校园足球师资培训，三年来累计 20 多万人。[②] 2017 年，广东对 430 名体育管理人员和教研员、2200 名非足球专项体育教师、200 名教育系统足球裁判员进行了培训。截至 2017 年，黑龙江校园足球教师总人数为 3725 人。[③] 国家及地方政府加大校园足球师资等培训，奠基了校园足球工程的人力资源基础。2016 年和2017 年国家级青少年校园足球特色学校拥有专职足球教师人数增多（见图2－6），校园足球师资情况总体呈现良好趋势。然而部分国家级青少年校园足球特色学校仍存在没有专职足球教师的情况，尚未实现每个特色学校配备一名专职足球教师的目标。这些学校可能采用外聘教师、吸纳足球爱好者的方式弥补专业师资的不足。各级校园足球特色学校除了要开展足球课程以外，还要开展课余足球训练，对足球专业师资的需求较大。当前学校系统内的足球专业师资少，难以满足学校开展足球教学及训练的需求。

（二）教学体系有待提升

各级教育系统仍存在重视少数足球特长学生足球训练体系建设，开

---

① 教育部：《全国青少年校园足球骨干师资国家级专项培训》，教体艺厅函〔2016〕23 号，2016－7－7。
② 《2015—2017 年全国青少年校园足球发展情况和 2018 年校园足球重点工作》，http：//www. gov. cn/xinwen/2018－02/02/content_5263179. htm。
③ 全国青少年校园足球工作领导小组办公室组编《全国青少年校园足球发展报告（2015－2017）》，北京体育大学出版社，2018，第 101 页。

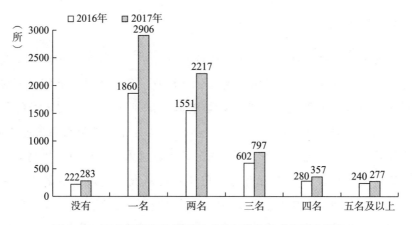

图 2 - 6　国家级青少年校园足球特色学校足球师资力量概况

展适合所有学生特点的足球教学体系建设有待加强的现象。大部分学校
发展校园足球还是难以脱离注重竞技成绩的局限，难以落实开展足球活
动和足球主题校园文化活动的要求。校园足球普及工作有待加强，无法
实现惠及大多数学生身心发展的初衷。当前校园足球教学中仍存在一些
问题。首先，教学标准实际操作能力有限。如教育部力推校园足球教学
指导纲要、运动员运动技能等级评定制度，以期科学评价学生足球综合
素质，但是大部分地方还未真正开始推行这些制度。2018 年 4 月，上海
体育学院首次发布《青少年运动技能等级标准》，确立"4 等 12 级"制
的基本等级体系，涵盖乒乓球、足球等 11 个运动项目。其次，校园足球
教学教材五花八门。虽然根据校本课程具有区域性的特征，各地区教材
等资料可保持一定地方特色，但是综观各类教材，实际内容大同小异。
部分区域如云南省校园足球教学小学、初中、高中手段方法几乎完全一
样，没有编制符合不同年龄阶段学生使用的足球教学训练教材。[①] 最后，
校园足球教学体系与足协教学体系呈两条平行线。校园足球作为普及足
球运动的奠基工程，校园足球教学系统更要体现足球运动的基础性规律，
应与专业足球一脉相承。国内地方体育局、足协很少长期参与校园足球
教学设计及指导。

① 云南省教育厅:《云南省校园足球工作总结》,《校园足球》2018 年第 1 期。

（三）训练体系有待完善

在实地考察中，笔者发现所有特色学校都比较重视校园足球训练竞赛工作。每个学校基本都有校队，大部分学校有足球年级队，低年级开展足球游戏，高年级开展足球联赛。参与校园足球训练的是少数足球特长学生。校园足球训练体系还存在以下一些问题。首先，教师水平参差不齐。很多学校足球师资无法提供专业训练，只能通过外聘专业力量提高训练质量。政府购买专业力量成为当前补充校园足球教练员数量不足的解决方案。调研中发现，本校师资课余训练工作量补偿与外聘师资补偿差异较大。很多本校足球教师带队工作量小，无法激发校内教师的参与积极性。此外，外聘师资在外聘教师资格认定、薪酬标准、训练质量等方面都存在管理上的困难。其次，学生及家长对训练的支持程度差异性大。常态化日常训练对足球技能掌握具有决定性作用。年龄段不同，每周课余训练时间也有所不同。很多家长及学生重视文化学习，不愿多花时间在足球训练上。部分学校虽然规定校队成员文化成绩后退，立即停止该生训练，但是为保证队伍的稳定性，学校实际操作过程很难实施，部分队员因成绩下降主动退出训练。最后，校园足球训练与足协青训的衔接存在问题。解决"满天星"训练营与足协青训中心贯通问题，是畅通校园足球精英人才与体育系统足球后备人才的有效措施。当前各个训练系统还处在各自为政的阶段，尚未形成有序衔接的人才培养体系。此外，校园足球竞赛体系一体化设计有待提高。虽然学校系统、体育系统、社会系统设立了五花八门的赛事，但是不同系统青少年赛事融合度低，赛事冲突严重，青少年学生参与程度十分有限。足协办 U 系列、大中小体协办校园足球联赛、企业办社会足球赛事等，足球赛事越来越多，如何将不同系列赛事协调起来、结合起来，互相促进，不要互相影响，是现阶段校园足球领域亟须解决的问题。这就要求足协、教育部门等赛事组织部门加强沟通，重视校园足球赛事与专业赛事的衔接，关注打通运动员注册的问题，实现体育系统的 U 系列和校园足球夏令营系列融合。

第五节　本章小结

本章运用文献资料分析法，从发展历程、制度变迁、治理演进等方面梳理了中国青少年校园足球的发展。在此基础上，本章运用文献资料分析法、实地考察法、社会网络分析法，从管理体制、治理模式、评价方式等方面着重分析中国青少年校园足球治理现状和现实困境。

第一，本章运用文献资料分析法，从发展历程、制度变迁、治理演进等方面梳理了中国青少年校园足球的发展。基于社会经济的快速发展及校园足球的急剧转型，根据标志性法规的出台，以时间序列及其变迁历史笔者大致将中国青少年校园足球发展历程分为起步阶段、转型阶段、深化阶段三个阶段。基于相关政策文件梳理，笔者将中国校园足球政策的演变与发展划分为起步、探索和发展三个阶段。基于中国青少年校园足球发展历程及制度变迁，笔者进一步分析校园足球治理演进过程，即管理体系初步确定、治理模式初步探索、多部门治理格局初步构建，较为全面地回顾了中国青少年校园足球的发展过程，为更好地理解校园足球协同治理的产生背景及发展趋势打下了基础。

第二，本章运用文献资料分析法、实地考察法、社会网络分析法，从管理体制、治理模式、评价方式等方面着重分析中国青少年校园足球治理现状和现实困境，其中现实困境突出反映为社会力量参与不充分、管理体制不健全、校园足球服务供给不足等。社会力量参与不充分体现为社会组织和企业尚未成为校园足球治理主体；管理体制不健全体现为部门条块分割、问责机制有待健全、追踪机制不完善等；校园足球服务供给不足体现为保障体系不足、教学体系有待提升、训练体系有待完善等。

第三章

国外青少年校园足球治理经验

　　校园足球治理体系在促进青少年全面发展、推动青少年足球普及方面起到不可或缺的作用。从世界范围看，日本、韩国、德国、英国等国家的校园足球治理体系已比较成熟。虽然国外青少年校园足球治理依存于特定的政治、社会、经济、人文环境等诸多因素，但他山之石，可以攻玉。针对校园足球的复杂性等公共问题，本章学习借鉴不同国家校园足球发展方式，总结该区域校园足球治理成功经验，为中国青少年校园足球治理方式转变提供借鉴，具有重要的现实意义。本书按照罗伯特的多案例研究方法，从"如何科学系统地推进校园足球治理"出发，重点选取日本、韩国、德国、英国校园足球治理探索案例，从理论、历史、实践的角度分析国外青少年校园足球治理经验，认识其运行规律与特性，探讨其推广价值和上升为顶层制度设计的可能性，为寻求中国特色的青少年校园足球治理实现路径提供借鉴。

第一节　日本和韩国政府主导多方参与校园足球治理

　　日本、韩国青少年校园足球治理框架与中国青少年校园足球治理现行模式存在不少共同点，诸如在机构设置方面实行教育、体育等多部门联合参与，在校园足球人才贯通方面建立体育特长生制度。日本、韩国青少年校园足球治理效果较好，校园足球与社会足球、职业足球相辅相成，因此分析日本、韩国青少年校园足球治理主体结构及运行机制，能够为中国青少年校园足球治理提供必要的参考和借鉴。

一 健全行政管理体制

日本、韩国青少年校园足球的良好发展，得益于健全的行政管理体制。韩国青少年校园足球的主导部门是文化体育观光部，在机构设置方面实行多部门联合参与，这一点与中国青少年校园足球管理体制相似。韩国教育部提出培养会生存的人、智慧的人、开放的人、实干的人，这些都是青少年学生需要具备的素质。韩国教育部为校园足球提供多方面支持，其中韩国教育部联合足协、职业足球联盟、高等体育院校共同服务校园足球课设计与课余训练。[①] 韩国教育部放权于韩国足协，由其实施和推动校园足球，韩国足协下设幼儿、小学、初中、高中、大学等足球联盟，负责开展校园足球日常训练、组织校园足球联赛，以及营造校园足球文化氛围。各级足球联盟在韩国足协的统一管理下，已经持续运行了四十余年，形成了有序衔接的系统。为了增加中小学生参与足球运动的机会，小学、初中比赛采用主客场周末联赛制度，取消32强淘汰赛。韩国校园足球代表队和运动员必须每年在当地足协注册才能有资格参加年度的比赛。韩国实行校长负责制和"生活记录簿"提交制，监督各级足球代表队和运动员的训练及比赛情况。[②] 教育部、职业足球联盟签署协议支持校园足球，俱乐部为学校提供幼儿及少年足球指导教材和观看职业足球比赛的机会，在中小学生范围内普及足球运动。俱乐部与部分中小学建立定点对应关系，将中小学作为下属的青训机构，从中选拔优秀人才，建设足球后备队伍。[③] 俱乐部需要定期为中小学提供专业的足球技术帮助和指导，建设中小学足球梯队，资助球队参与中小学各级别业余联赛，支持中小学开展校园足球活动。此外，俱乐部也为韩国青少年校园足球提供延伸服务。[④] 从2008年开始，韩国体

① 朴大源：《中韩足球后备人才培养的比较研究》，硕士学位论文，东北师范大学，2009。
② 梁伟：《校园足球可持续发展评价研究》，山东人民出版社，2016，第56~57页。
③ Kang, Hyun-Hee, Choi, Duk-Muk, "An Autoethnography on Football Club Operation Experiences," *Korean Society for the Study of Physical Education*, Vol. 22, No. 3, 2017.
④ H. J. Chang, H. Kwan, et al., "Technical and Physical Activities of Small-sided Games in Young Korean Soccer Players," *Journal of Strength and Conditioning Research*, Vol. 30, No. 8, 2016.

育部门鼓励社会企业和个人兴办青少年足球俱乐部，如车范根足球教室等
足球俱乐部得以产生。这些足球俱乐部需要向韩国足协注册，统一接受韩
国足协管理。为提升足球技能，青少年利用课余时间自费参加俱乐部加
练，以期在全国性足球比赛获得好的表现，从而获得升学等优势。[①] 各级
政府部门依靠行政管理体系，承担起推动校园足球发展的职责和使命。韩
国足球管理机构详见图 3-1。

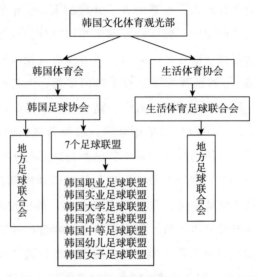

图 3-1 韩国足球管理机构

资料来源：方仁权：《韩国学校足球高水平运动员培养机制分析》，《中国体育科技》
2010 年第 6 期。

日本青少年校园足球主导部门是文部科学省和地方教育委员会，[②] 下
设初等、中等教育局和体育运动青少年局。文部科学省的日本体育协会下
属的初中体育联盟和高中体育联盟，负责指导和培训学校足球俱乐部，以
及举办各类青少年校园足球赛事。日本文部科学省重视培养青少年学生解
决问题的素质和能力，诸如严于自律、为他人着想、与他人协调、感情丰

---

① 罗建钢：《国外足球后备人才培养体系及其启示》，《体育学刊》2013 年第 4 期。

② Hiroaki Matsuyama, Takahiro Matsutake, Hiroyuki Horino, Hironobu Tsuchiya, "Competitive-ness of Young Football Players in the Japan Football Association Social Action Program," *Advances in Physical Education*, Vol. 5, No. 2, 2015. 王长琦：《论日本校园足球成功运作范式及其对中国的启示》，《南京体育学院学报》（社会科学版）2017 年第 5 期。

富和充满人性等。日本各级教育委员会认为发展校园足球是提升青少年解决问题能力的重要手段。1978 年，日本文部科学省把足球引入中小学体育课程，在各地方教育委员会的监管下，日本学校广泛开展学生放学后自愿参加的"部活"（BUKATSU）俱乐部，其中足球部活是非常受欢迎的部活之一。[1] 日本校园足球囊括课内外体育的范畴，包括足球课、校内足球部活、学校足球比赛。[2] 日本文部科学省依据运动员培养的"一贯指导系统"，根据身心特点制订运动员培养计划，突出指导理念的一贯性。[3] 日本校园足球是教育部门发展学校体育的重要手段之一，足球运动有助于学生身心健康全面发展。校园足球人才的培养首先要经过完整学校序列的教育，再进行足球方面的特长训练。即使是职业俱乐部后备梯队，很多运动员也选择在俱乐部周围的各个学校学习。日本政府在发挥行政优势的同时，也在发动社会力量参与校园足球治理。校园足球是日本足协在推进日本足球事业进程中的重要环节。日本足协坚持普及是提高的基础，确立了青少年足球运动发展的优先地位和战略地位，全方位为校园足球提供支持。[4] 日本各级足球联盟主要负责不同级别学校系统联赛的管理和运行，日本各级足球协会负责校园足球人才的高水平训练。日本足球管理机构详见图 3–2。

二 完善配套法律法规

健全校园足球的相关法律法规是日韩青少年校园足球顺利发展的重要支撑。日本、韩国十分重视校园足球制度保障体系建设。

韩国校园足球重视足球与教育的协调发展。韩国教育部、足协等组织致力于通过多维政策引导和支持校园足球发展。韩国教育部从 1972 年开始实施体育特长生制度，1980 年对体育特长生制度进行了修改，使得足球特长学生可获得教育资源优势，促使校园足球得到关注与发展。2013 年，韩

---

① 邱林、张廷安：《日本足球职业联赛发展研究》，《体育文化导刊》2013 年第 3 期。

② 孙一等：《日本校园足球：发展与启示》，《上海体育学院学报》2017 年第 1 期。

③ Masahiro Sugiyama, Selina Khoo, Rob Hess, "Grassroots Football Development in Japan," *The International Journal of the History of Sport*, Vol. 34, No. 18, 2017.

④ 徐金山、陈效科、金嘉燕：《对日本青少年足球发展进程的研究》，《中国体育科技》2002 年第 5 期。

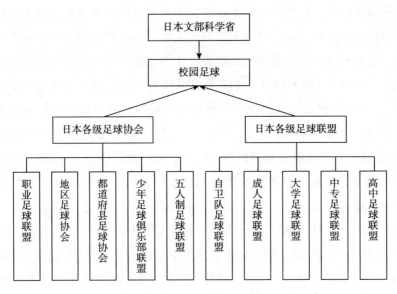

图 3 - 2 日本足球管理机构

国足协发布了《展望"Hat-Trick"2033》，规划全民足球的发展。[1] 2014
年，韩国教育部颁布《灵活发展学校体育试行方案》，在全国高中开设体
育重点班，对校内有体育特长的学生给予重点支持，形成小学—中学—高
中—大学的纵向教育系统，构建上下畅通的人才成才通道。[2] 在校园足球
师资培训制度上，韩国足协为统一掌握青少年足球训练情况，要求执教中
小学球队的教练必须获得相应的资格等级。C 级教练员具备执教小学球队
资格，D 级教练员具备执教初中和高中球队资格。在竞赛体系制度上，
2009 年起，韩国足协联手韩国文化体育观光部、教育科学技术部等部门推
出国家青年足球联赛，组织学校代表队与俱乐部代表队同场竞技，打通学
校联赛与职业联赛平台，实现校园足球人才与俱乐部人才流通相互衔接，[3]
以及实现韩国足球普及与提高有序衔接。2014 年，韩国足协推出"黄金年

---

[1] 《韩足协 20 年计划：2033 世界前十 终极夺世界杯》，https://sports.qq.com/a/20131125/013077.htm。

[2] 曹维、路怀宇、陈晓慧：《关于韩国发展校园足球情况的报告》，《中小学校长》2015 年第 5 期。

[3] H. J. Chang, H. Kwan, et al., "Technical and Physical Activities of Small-sided Games in Young Korean Soccer Players," *Journal of Strength and Conditioning Research*, Vol. 30, No. 8, 2016.

龄"（Golden Age）特色训练项目，选拔精英后备军，组织优秀教练，定期
提供集中训练、指导和交流比赛的机会，承担训练场地租费、教练报酬
等。① 校园足球领域有足球天赋的青少年也可参与，这具有一定的示范和
带动作用。受《教育基本法》《学校教育法》等影响，日本青少年校园足
球发展目标以足球基本知识、技能为中心，重视培养终身体育。

为支持校园足球保障体系，日本文部科学省等职能部门制定了相应配
套政策。首先，文部科学省联合足协设计了一体化的校园足球教练员培养
体系。日本已经形成 S、A、B、C、D 5 个足球教练等级认证体系，其中规
定了进入校园足球领域执教的最低等级要求，如 B、C、D 级的教练员专门
负责对初中以下学生进行指导。② 文部科学省推行"社会体育指导者资格赋
予制度"，引入日本足协认证的专业教练员。日本足协则严格把控足球教练
员资质体系，二者共同保障校园足球教练员专业性。③ 其次，为了贯通校园
足球人才和专业足球人才对接平台，日本足协建立训练中心制度，将一些有
发展潜质的学生集中起来，免费提供专业训练环境。1994 年，日本足协提出
日本足球百年梦想，其中涵盖校园足球、职业足球、社会足球等领域。随
后，日本足协设立了地区、都道府县、区域、全国 4 个级别的训练中心制
度。④ 自 2006 年起，日本足协在全国相继开办足球学院，保证学生在接受正
常国民教育的基础上，对青少年学生成为足球精英人才提供帮助和支持。最
后，日本足协和文部科学省共同建立并完善校园足球竞赛体系。校园足球领
域球队、俱乐部球队既有各自的竞赛体系，又有融合的竞赛体系。此外，日
本文部科学省、足协、俱乐部等通过实施"学校运动部引进外部指导者制
度"、"社会团体创办体育少年团制度"和"综合型社区体育俱乐部指定管理
者制度"，使社会组织、个人、企业等获得融入校园足球事业的合法性，⑤ 形

---

① 慈鑫：《韩国足球界人士揭秘"校园足球启示录"》，《中国青年报》2014 年 9 月 26 日，
第 5 版。
② 日本足协官方网站，http://www.jfa.jp/eng/youth_development/outline/。
③ 张冠楠：《日本少年爱足球"伯乐"助力多》，《光明日报》2018 年 7 月 1 日，第 8 版。
④ 孙一等：《日本校园足球：发展与启示》，《上海体育学院学报》2017 年第 1 期。
⑤ Light, Richard, "Globalization and Youth Football in Japan," *Asian Journal of Exercise and Sports Science*, Vol. 4, No. 1, 2007. 李捷：《日本青少年课外体育参与现状研究》，《西安体育学院学报》2017 年第 3 期。

成了稳定的互动态势。

三 拓宽资金来源渠道

经费投入是校园足球发展的基础，直接决定着校园足球的发展规模。在经费问题上，日本、韩国校园足球既注重强化政府责任，又注重引入市场机制，这增加了校园足球的资金来源，对中国发展校园足球具有重要的借鉴意义。

韩国校园足球采取以政府投入为主、企业资助为辅的方式，韩国体育彩票等公益基金组织每年会拿出一半的资金用于资助校园足球事业，[1] 其中很大一部分用于支援小学、中学、大学足球队的运营和发展。韩国足协从 1997 年就开始规定，每年把全年预算的 10% 投放到青少年足球培养上，其中校园足球是青少年足球培养的重要组成部分。2005～2008 年，韩国足协平均每年为校园足球投入 34.71 亿韩元。自 2002 年以来，韩国足协出资修建了近 2000 个公共足球场和 1000 多个学校足球场，全国公共足球场的数量从 627 个增加到 2508 个，学校足球场从 173 个增加到 1604 个，为韩国学校开展校园足球活动提供场地保障。[2] 此外，为鼓励更多的小学开展足球运动，韩国足协长期关注校园足球发展，已经连续多年每年拿出 300 万韩元资助小学扶持和新建"足球部"。韩国校园足球联赛制度的成熟与发展，逐渐吸引了广告商的关注和加盟，出现企业赞助冠名联赛、赞助冠军队奖金、资助奖学金，企业对学校联盟进行后援支持等多种方式。

日本校园足球已形成政府和社会多渠道投入机制。20 世纪 90 年代初，日本政府开始在全国中小学修建足球场地，对校内足球俱乐部、校内足球比赛等学校足球活动进行指导与支持。政府部门广泛吸收社会力量，成立体育振兴基金，资助日本校园足球教练员培训工作。日本足协为校园足球提供场地等硬件设施支持。自 2008 年起，日本足协为鼓励青少年参加户外活动，开始实施绿色工程，即 JFA，为县足球协会、足球俱乐部、市政府、学

---

① 梁伟：《校园足球可持续发展的系统分析与评价研究》，博士学位论文，上海体育学院，2015。

② 慈鑫：《韩国足球界人士揭秘"校园足球启示录"》，《中国青年报》2014 年 9 月 26 日，第 5 版。

校、幼儿园和托儿所等免费提供草坪苗。到 2017 年为止，日本足协约为 207
个场地提供草坪苗 1477400 平方米，在 2018 年提供草坪苗约 567032 平方米。
日本青少年足球赛事体系门类大，社会影响力大，得益于国家政策的资助，
更有赖于企业的支持。许多大企业常年赞助日本高中足球联赛，如丰田公司
等。部分大企业到中小学成立附属足球队，长期承担足球队活动经费，资助
学校修建足球相关硬件设施。此外还有一种特有的"OB"制度，即毕业生
为母校足球队提供资金等帮助。[1] 参与学校及社区足球俱乐部培训的学员需
要缴纳一定的学费，用于维持俱乐部运行，共同承担正常训练和比赛费用。[2]

四　激发公众参与热情

公众积极参与是校园足球治理成功的关键。综观日本、韩国校园足球发
展经验，日韩国家队取得的优异成绩和高水平的职业联赛，大大提高了公众
对足球运动的认可度和积极性。足球是韩国的一项全民运动，政府采取了一
系列相关举措来推动足球运动，正因如此，早在 20 世纪五六十年代韩国足
球就已经确定了"国球"地位。韩国足球运动普及程度高，在亚洲范围内
处于领先地位。校园足球是韩国足球的重要组成部分，社会认可度高。学
校及社会认为足球是培养人的重要方式，青少年为能参加足球队训练而自
豪。韩国家长愿意让孩子接受足球教育，甚至自费让其参加额外的训练，这
样一来，孩子在养成拼搏进取精神的同时，还可以根据相应的招生考试政策
直接享受升学优势，获得优质教育资源，提升未来职业生存储备力。韩国足
协提出"踢球、学习、享受"的理念，希望以此扩大足球影响力，提高足球
竞争力，培养德才兼备的足球人才，塑造健全的校园足球文化。以 2010 年
韩国足协公布数据为例，学校足球运动员占足协运动员注册总人数的
81.85%，[3] 2016 年，小学代表队有 169 支，俱乐部数量达到 155 支，说明公
众参与校园足球活动较为积极。

百年日本足球的沉浮跌宕之路，使得日本足球继承了忍者精神等大和

---

① 王长琦：《论日本校园足球成功运作范式及其对中国的启示》，《南京体育学院学报》（社
　会科学版）2017 年第 5 期。
② 刘同记、叶巍：《日本 U15 足球运动员培养机制研究》，《体育与科学》2012 年第 1 期。
③ 《韩国足球协会运动员注册现状》，http://www.kfa.or.kr/ >。

民族文化，塑造了独具日本特色的足球文化。① 足球运动已经成为日本国民生活的一种精神寄托，这对青少年产生了极大影响，足球运动员曾连续六年成为日本男孩心中的第一梦想职业。在教育理念上，日本校园足球不仅执着于发掘专业足球苗子，更重视培养全面发展的人，让所有孩子都有机会踢球。日本的人口总共为 1.23 亿人，足球队约有 10000 支，中学足球队约有 8000 支，注册的球员约为 60 万人。② 日本青少年课余参加学校里的俱乐部足球训练，需要自己交费，教练主要是学校里的体育教师和社会上的足球人才。青少年主要凭借浓厚足球兴趣，加入学校足球俱乐部。部分有足球运动天赋的青少年有机会进入国家队。青少年参与足球运动的前提是不影响学习，③ 日本施行"走训制"，确保青少年不脱离文化学习等教育。青少年既能踢好球，又能优先获得教育资源，这是参加足球训练的优势所在。④ 中小学阶段重点培养学生对足球的兴趣，培训其基本技术和战术。高中阶段则是学生运动员流向的分水岭，有潜力的学生运动员会流向职业足球俱乐部。日本学校足球俱乐部已形成良好的普及与提高结构。

第二节　德国立足俱乐部的校园足球治理

2016 年 11 月，中国教育部与德国足协签署了《关于中国大中小学校园足球发展合作谅解备忘录》⑤ 等多项足球合作协议，在足球教师培训和青少年足球运动员选拔体系方面，德国的一些成功经验与做法很值得探讨和借鉴。

---

① 乔媛媛：《日本足球"明治维新"历程、特征及启示》，《广州体育学院学报》2018 年第 2 期。
② Masahiro Sugiyama, Selina Khoo, Rob Hess, "Grassroots Football Development in Japan," *The International Journal of the History of Sport*, Vol. 34, No. 18, 2017.
③ 南尚杰、马克：《日本〈体育立国战略〉对我国政府体育管理职能转变的启示》，《西安体育学院学报》2015 年第 4 期。
④ 马德兴：《深度解密日本足球学院，培养模式颠覆国人理念》，http://sports.qq.com/a/2015 1225/042111.htm。
⑤ 教育部办公厅：《全国青少年校园足球工作领导小组第二次会议纪要》，教体艺厅〔2017〕4 号，2017 - 3 - 20。

一 植根俱乐部的治理主体

德国校园足球旨在促进青少年身心全面发展进而促进社会发展。德国政府部门肩负支持校园足球发展的义务，需要加大对学校足球运动场地设施的投入，为学校开展足球活动提供保障性工作。德国学校校内足球教学主要由教育部门负责，校外足球活动主要由体育部门负责。德国教育部、文化部提供合作经费，帮助校外资源进校园，为中小学生提供课余足球训练与指导，这为德国学校体育社会化的发展提供了政策、场地与资金的保障。① 德国足协为校园足球普及工作提供多样化的支持。德国足协拥有 27 个成员协会，分别是 5 个分区足协、21 个州足协和 1 个联赛协会。各级足协成立学校足球部，负责足球运动在学校普及的工作。② 足协和学校之间签署合作协议，建立学校和足协合作框架，在此基础上，实现学校、足协、俱乐部的合作。德国校园足球、青少年业余足球俱乐部、德国足协下辖的天才培训中心形成了三位一体的培养模式。③ 德国校园足球活动的具体开展主要依靠德国足协下属各级业余俱乐部，即青少年平日里在学校学习和上课，课余时间参加本地足球俱乐部的训练。德国足球俱乐部多达 27000 个。④ 德国足球俱乐部是校园足球的延伸、补充和发展。虽然这与中国校园足球承担的功能不太相同，其治理模式也不同，但是德国青少年足球后备人才培养方面的成功经验和先进理念，尤其如何在教育部门、体育部门、足协、俱乐部之间实现协同治理的经验，对于中国提高校园足球治理绩效具有很强的借鉴意义。

二 完善配套法律法规

德国重视足球等竞技体育项目在学校体育领域的发展。德国政府部门在制度层面充分保障校园足球发展。20 世纪 70 年代，足球运动项目

---

① 刘波：《德国体育政策的演进及启示》，《上海体育学院学报》2014 年第 1 期。
② 马阳、马库斯·库切特：《德国足球治理及其启示》，《体育学刊》2018 年第 1 期。
③ 《德国足球基石：世界最强青训体系》，https://www.sohu.com/a/128045941_505633。
④ 《德国足协章程》，http://www.dfb.de/fileadmin/-dfbdam/2014124-02-Satzung.pdf。毛振明、刘天彪：《再论"新校园足球"的顶层设计——从德国青少年足球运动员的培养看中国的校园足球》，《武汉体育学院学报》2015 年第 6 期。

开始进入德国的中小学体育课堂。早在 1955 年，德国文化部、教育部和体育联合会签署了《支持学校体育教育的建议》，开了体育俱乐部与学校合作的先河。1959 年，德国政府部门联合实施多期"黄金计划"，修建了 30000 多个儿童游乐场、15000 个中等规模的运动场所、10000 个体育馆、6000 个学校体育馆、5000 个游泳馆，总计近 70000 个体育场馆。① 德国政府通过"黄金计划"建设大规模足球场馆等设施，供俱乐部或学校共同使用，竭力提升俱乐部和学校发展足球运动的积极性。② 德国教育部、文化部与体育联合会共同推出了"学校体育锻炼计划"，推进各联邦州学校与体育俱乐部之间的合作，促进学生参与体育活动。③ 德国足协把各俱乐部与学校充分结合起来，在全国的城市、乡村创设了 66 个"教育、训练一体化"培训中心，为那些有天赋、有抱负的足球人才提供训练机会。孩子们可以就近读书、训练，进行"三集中"模式的培训，也打消了许多家长的顾虑。早在 1996 年，德国足协就开始为部分足球重点学校提供足球人才培养技术支持，诸如为中小学制定选拔标准、训练纲要等。④

2000 年，德国足协制定《德国足球复兴十年计划》，提出"三步走"战略，其中，第三步战略，即德国足协与学校建立双轨系统，足球学校、青训中心与学校展开合作，从小培养球员全面技能。⑤ 为加强全国范围内学校、足协与俱乐部之间的合作，若干计划诸如"天才培养计划""Team 2011""Doppelpass 2020"等纷纷出台。2006 年，德国足协推出"天才培养计划"，这是针对 11 岁至 17 岁青少年足球天才的培训计划，要求在全国各地建立 390 个青训基地，平均每个基地覆盖 65 家俱乐部，形成一个紧密的网络，打通人才输送渠道，构成足协、学校、俱乐部、政府紧密合作的

① 袁田：《新校园足球发展的新困境及新思路——德国青少年足球运动员培养对我国校园足球的启示》，《武汉体育学院学报》2018 年第 2 期。
② 刘斌等：《基于政策执行视角的德国足球发展审视及启示》，《沈阳体育学院学报》2017 年第 2 期。
③ Augste Claudia, Lames Martin, "The Relative Age Effect and Success in German Elite U-17 Soccer Teams," *Journal of Sports Sciences*, No. 9, 2011.
④ 《德国足球青训体系》，http://blog. sina. com. cn/s/blog 659d768a0100mf6q. html。
⑤ 《德国足球复兴十年计划》，http://dfb. sports. 163. com/news/。

治理模式。^① 德国足协雇了大约 1200 名专业教练对球员进行指导，每年大约有 2.2 万名儿童和青少年从"天才培养计划"中获益。2011 年，德国足协提出了"Team 2011"计划，旨在加强学校和俱乐部之间的合作，共有 1.8 万所中小学参与该计划，德国足协注册会员人数创历史新高。由于该计划取得良好效果，德国教育部门与足协、俱乐部又联合推出了"Doppelpass 2020"计划，通过正式签署合作协议，希望所辖 21 个联邦州立足球协会的 2.5 万家俱乐部能够与中小学通力合作。"Doppelpass 2020"计划中学校与俱乐部均可获益，见表 3-1。对于参与计划的学校、俱乐部，足协需要严格认证，诸如学校需要长期开设足球课等。^② 很多俱乐部在假期组织学生开展各种活动，以普及足球文化，提高学生参与足球活动兴趣，吸引更多学生关注和加入俱乐部训练。学校如发现有天赋的运动员，会定期送到俱乐部接受更加专业的训练。^③

表 3-1 "Doppelpass 2020"计划中学校与俱乐部的获益

学校的获益	俱乐部的获益
校外体育活动外延的扩大	梯队的稳定建设
专业足球师资的丰富	新会员的加入、提升公众形象
医疗等训练条件的完善	青少年梯队文化课学习的保障、体育教师与专业教练间的联系增强
硬件设施的改善	体育场地利用率的提高
教学与培训方法的拓展	足球教学方法与知识的拓展
影响力与知名度的提升	影响力与知名度的提升
专项经费的支持	专项经费的支持

资料来源：陈正：《德国青少年足球研究——以"Doppelpass 2020"计划为例》，《世界教育信息》2017 年第 14 期。

① 《德国足协可持续发展计划》，http://sports.163.com/special/talent-development-programme/。德国足协官方网站，http://dfb.sports.163.com/news/。
② 龚波：《文明视野：中国足球的困境与出路》，北京体育大学出版社，2014，第 188~189 页。
③ 颜中杰、何志林、李晓旭：《足球强国后备人才培养路径研究》，《体育文化导刊》2007 年第 8 期。

三　依靠社会资金渠道

为保证学校开展足球活动需要，德国政府规定学校要有一定的足球场地设施，各级足协和俱乐部的场地设施规定时间内需要向学校免费开放。[①] 德国政府部门会为足协及俱乐部提供部分资金支持，主要体现在德国联邦政府会资助联邦级足协的足球教练员培养、足球场馆建设。教育部门会为中小学足球设施建设提供资金支持，体育部门会为足球俱乐部建设和足球设施维护提供资金支持。[②] 足球俱乐部使用的大部分场馆归政府所有，这些场馆大多分散在学校里面。德国政府机构只关注俱乐部对于从政府获取的资助项目的执行情况，并不干涉俱乐部的具体活动。[③] 德国各级俱乐部运营主要依靠社会资金渠道。德国青少年参加俱乐部训练，需要缴纳一些学费。[④] 这也是大部分业余俱乐部得以运营的主要经费来源。德国足协加大对校园足球的投入，定期给参与足球运动推广的学校下拨训练装备或经费。德国 3 万多所中小学几乎都参与学校足球活动。为提升德国小学足球专业体育师资力量，德国足协推出"2000 + 计划"，利用周末为德国小学教师提供足球培训。[⑤] 此外，德国足协联合知名企业，如麦当劳，共同推进足球奖章计划，仅 2013 年就有 25 万多人参加，提升大众参与足球活动的积极性。

四　实现俱乐部布点渗透

德国发达的俱乐部制度是其足球运动成功的奥妙所在。参加足球俱乐部的活动是德国青少年最主要的校外锻炼方式。德国各类足球俱乐部是德

---

① Tobias Hemmersbach, "Globalization in German Professional Football (Soccer)," *Zeitschrift für Soziologie*, No. 6, 2003.

② 刘波：《德国体育俱乐部体制与学校体育关系的研究》，《体育与科学》2008 年第 1 期。

③ 马阳、马库斯·库切特：《德国足球治理及其启示》，《体育学刊》2018 年第 1 期。

④ 毛振明、刘天彪：《再论"新校园足球"的顶层设计——从德国青少年足球运动员的培养看中国的校园足球》，《武汉体育学院学报》2015 年第 6 期。

⑤ Christoph Behrens, Tim Meyer, Christian Pierdzioch, Eike Emrich, "Football Clubs and Philanthropy: An Empirical Analysis of Volunteering, Match Quality, and Donations," *International Review for the Sociology of Sport*, Vol. 53, No. 5, 2018.

国校园足球开展的载体。① 德国中小学除了以体育课为主要形式开展足球教学外，足球训练及竞赛组织等其余足球活动一般依托俱乐部开展。德国足球俱乐部遍布全国各地的学校和社区，促进了德国校园足球与业余足球活动的融合。② 足球俱乐部是德国数量最多的单项体育俱乐部，包括业余俱乐部和职业俱乐部。德国足协制定了一系列政策，推动俱乐部重视发展青少年足球。自 2002 年开始，德国足球甲级联赛和乙级联赛的 36 支球队必须建立自身的青训中心，否则将被取消联赛资格。③ 德国学校系统没有足球竞赛体系，但是德国足协依托业余俱乐部和职业俱乐部建立了完善的U 系列青少年足球竞赛体系，实现了不同系统的融合发展。④ 足球俱乐部模式让孩子们在提高足球水平和学习成绩两方面都获得丰收。⑤ 足球俱乐部需要在德国足协注册，接受德国足协的监管，为德国足协实施德国足球改革铺平道路。⑥

第三节　英国依托社会多方支持的校园足球治理

一　英格兰足球协会

英国是现代足球及职业足球模式的发源地，足球是英国重点发展的传统体育运动项目，深受青少年学生欢迎。学生参与足球活动，多是通过课

① 马阳、马库斯·库切特：《德国足球治理及其启示》，《体育学刊》2018 年第 1 期。
② B. Schroepf, M. Lames, "Career patterns in German football youth national teams-A longitudinal study," *International Journal of Sports Science and Coaching*, Vol. 13, No. 3, 2018; Stefan Wagner, "Managerial Succession and Organizational Performance—Evidence from the German Soccer League," *Manage. Decis. Econ*, No. 6, 2010.
③ 规划编制小组：《中国足球中长期发展规划（2016—2050 年）100 问》，北京体育大学出版社，2016，第 20～21 页。
④ Martin K. Erikstad, Tommy Haugen, Rune Høigaard, "Positive Environments in Youth Football," *German Journal of Exercise and Sport Research*, Vol. 48, No. 2, 2018.
⑤ Uwe Wilkesmann, Doris Blutner, "Going Public: The Organizational Restructuring of German Football Clubs," *Soccer and Society*, Vol. 3, No. 2, 2002.
⑥ Uwe Wilkesmann, Doris Blutner, Going Public, "The Organizational Restructuring of German Football Clubs," *Soccer & Society*, No. 2, 2002.

内足球活动课程和学校足球俱乐部、社区足球俱乐部等形式的课外足球活动组织。英国校园足球职责分工明确，组织计划严密，形成了一套足球普及与提高相结合的"金字塔"式的良性结构。英国发达的校园足球体系是扩大足球人口的"永动机"和"蓄水池"。[①] 英国教育部（DFES）全权委托英格兰足球总会（FA）（以下称"英足总"）监管校园足球发展。英足总和教育部批准和成立专门机构——英格兰学校足球协会（ESFA），其下设40个学校足球协会，共同负责全国、地方的校园足球教学及比赛，完成英足总的普及目标。[②] 英足总制定《足球指导手册》，指导各级中小学规范开设足球课程。校园足球赛事体系丰富，有英国学校足协联合奖杯赛，英国学校足协19岁、16岁以下基层学校锦标赛等。[③] 英格兰现有3万多所学校，其中超过一半学校常年开展足球比赛，整个英格兰的校园足球队多达2.2万支。[④] 在英足总的顶层设计下，各级学校、地方政府、地方足协、商业组织、公益与志愿机构之间建立了紧密的关系，共同助推校园足球事业发展。

二 完善配套法律法规

英国政府高度重视校园足球的部署。首先，政府部门注重通过政策导向鼓励青少年参与体育活动。英国文化传媒与体育部联合推出"全民体育未来计划""青少年体育十年规划"，鼓励各种体育、教育及其他组织机构参与提高青少年体力活动。2013年，英国教育部将足球等竞争性体育项目列入学校体育课程重点内容。受学校体育政策的影响，英国有3.2万所学校（小学1.7万所）开展足球运动。其次，为了使各级政府、学校、体育俱乐部、社会组织建立长期的合作联系，英国政府和非政府组织共同签署

---

① 慈鑫：《中国足球复制英式体系关键不在足球在文化》，《中国青年报》2012年8月11日，第4版。

② English Schools' Football Association. Handbook Season 2017 – 2018, The ESFA website, www.esfa. co. uk.

③ 中国驻英国大使馆教育处：《英国学校优秀足球苗子选拔培养制度及教学指南调研》，《基础教育参考》2015年第11期。

④ 杨立国、钟秉枢主编《校园足球逐梦英格兰（2016）》，人民体育出版社，2017，第196~198页。Caterina, et al., "Connecting Personal History and Organizational Context: Suggestions for Developing Educational Programs for Youth Soccer Coaches," *World Futures*, No. 2, 2014.

"政府与志愿者及社区组织合作框架协议""学校体育协调官制度""学校体育—体育俱乐部链计划""生活宪章计划""特许标准计划"① "体育、学校竞赛运动与俱乐部联合国家战略行动"② 等，推动多主体协助青少年足球训练和比赛，搭建了学校—俱乐部的发展路径和框架，实现了校园足球、社会足球、职业足球的对接。③ 英足总制定《社会青少年及校园足球开展管理手册》等法规性文件，规定了足球教师的选聘办法，指导了政府、学校、社会等全面参与校园足球治理的方法，全面监管英格兰地区校园足球具体工作。④

三 源于社会的资源支持

在经历了自由发展、国家福利政策弱化的背景下，英国校园足球作为社会性公益事业发展，⑤ 开始寻求政府、英格兰足球基金会、英格兰体育理事会、志愿者协会及社区组织、企业赞助商及公众的全方位支持，实现了政府、社会和私有企业等对校园足球在财力、物力、人力及架构上的多元化资源配置。⑥ 1975 年，英国工党政府、英足总和博彩公司合作成立了足球基金会，政府部门吸纳市场组织、社会组织，共同从经费保障、师资培训、场地建设等方面支持青少年足球运动普及。⑦ 随后政府和英足总将校园足球发展纳入足球发展战略。英足总负责每年提供超过 4000 万镑的资金投入中小学足球场地建设。英足总为中小学设计了多种多样的校园足球项目，如为 7~10 岁小学生设计的小足球项目，凡是加入推广小足球项目的学校可获得英足总提供的小球门、小球等器材，以及参加小足球联赛的

---

① The Football Assocation Technical Development. Football Education for Young Players, "A Charter for Quality", London: The Football Association, 1997.
② Daniel Parnell, Sarah Buxton, "The Pursuit of Lifelong Participation: The Role of Professional Football Clubs in the Delivery of Physical Education and School Sport in England," *Soccer and Society*, Vol. 17, No. 2, 2016.
③ Schools' Guide: Their Game Youth Football Development, the FA, http://www.thefa.com/.
④ Carsten Larsen et al., "Psychosocial Skills in a Youth Soccer Academy: A Holistic Ecological Perspective," *Sport Science Review*, No. 3, 2012.
⑤ 李霄鹏：《英国："特许"校园足球》，《中国教育报》2014 年 12 月 17 日，第 9 版。
⑥ 陈栋等：《"质量特许计划"对英格兰青少年足球的影响及启示》，《体育文化导刊》2017 年第 12 期。
⑦ The Football Development Strategy 2001 - 2006, the FA, http://www.thefa.com/.

机会和专项发展基金支持。① 英足总还向中小学提供足球专业教练等帮助。② 英足总从2000年开始投入超过8400万镑资助1391项校园足球项目，放宽初级教练员和裁判员的准入制度，鼓励足球爱好者参与初级相关等级认证，支持普通中小学教师参与教练员、裁判员培训。参与英足总初级教练员和裁判员培训和认证的人中，很多是爱好足球的学生家长，他们以志愿者的身份，踊跃参与足球俱乐部与学校足球活动，支持青少年足球活动开展。③ 家长的示范作用带动了一大批青少年参与足球运动。2013年，各年龄段的足球人口达700万，并有40万名足球志愿者、30万名教练、2.7万名裁判。④ 此外，在英足总的引导下，俱乐部有序参与英国校园足球服务。很多中小学与阿森纳等伦敦著名俱乐部建立了紧密联系。俱乐部派遣教练每周到学校培训一个小时，学生自愿免费参加。俱乐部与学校互动，不仅可以发现优秀青少年球员，而且可以培养球迷的忠诚度，让俱乐部文化在学校扎根。

四 实现学校与俱乐部共赢

随着学校足球场地等设施的增加，以及课余活动时间得到保障，足球俱乐部组织及足球比赛逐渐增多，英国青少年校园足球迎来发展的机遇。受"特许标准计划"影响，特许标准学校可以获得一些优先资源，因此很多中小学根据特许标准学校条件，致力于提升足球软硬件等配置，这使得英国校园足球配置整体水平得到保障，为儿童和青少年参与足球运动提供了更多的机会。英国青少年足球俱乐部大部分依托学校和社区。⑤ 英足总提供的数字显示，英格兰地区共有37500余个青少年足球俱乐部，总计137000余支青少年足球队，拥有超过300万名青少年足球球员，成为英国

---

① Matthew A. Pain, Chris G. Harwood, "The Performance Environment of the England Youth Soccer Teams: A Quantitative Investigation," *Journal of Sports Sciences*, No. 11, 2008.

② Independent Schools Football Association Representative Football Policy Document, the FA, http://www.thefa.com/.

③ M. A. Pain, C. Harwood, "The Performance Environment of the England Youth Soccer Teams," *Journal of Sports Sciences*, Vol. 25, No. 12, 2007.

④ 梁斌：《英国校园足球启示：网络路径整合及多元资源配置》，《山东体育科技》2014年第1期。

⑤ *Sport England*, http: data. gov. uk/dataset/activeplaces.

足球后备人才的摇篮。这些俱乐部在英足总的监管下，实施从普通俱乐部到高级俱乐部的有序升级制度。青少年参与俱乐部需要足协注册。职业俱乐部球探密切关注在学校及俱乐部的青少年球员的比赛表现，[①] 挑选与招募足球苗子进入职业俱乐部青训体系。[②] 英足总做好足球中介工作，畅通从学校到俱乐部的转会制度，帮助学生、俱乐部探寻合作伙伴关系。[③]

第四节 本章小结

本章重点选取日本、韩国、德国、英国校园足球治理案例，阐述不同国家在校园足球发展历史、治理模式上的差异，但其本质都是在一定地域范围内，动员系统内外资源，通过开展各类活动，推进校园足球质量的提升，从而推进校园足球内涵发展。虽然各国校园足球发展速度、发展阶段不同，但是政府主导多方参与的校园足球治理经验是相同的。日韩等国的政府部门肩负支持校园足球发展责任，主要通过健全行政管理机制和完善配套政策对校园足球谋篇布局。国外政府部门与足协、职业足球联盟、体育院校等组织共同支持校园足球发展。为加强政府、足协、俱乐部之间的长期合作，国外政府部门出台了相关配套政策，如"Doppelpass 2020"计划，该计划使所辖 21 个联邦州立足球协会的 2.5 万家俱乐部与中小学通力合作，共同发展校园足球，参与计划的中小学与俱乐部需要足协严格认证。国外足协发挥专业引领、服务沟通的重要作用，为各级学校、俱乐部、社会足球青训机构提供专业咨询、师资培训、训练指导、赛事组织、场地设施等服务，助推校园足球教学、训练、竞赛、保障体系发展，实现足协的多方位支持，如日本、韩国等国的足协严格把关校园足球教练员队伍质量，不仅要求执教中小学球队的教练必须具备相应的资格等级，而且加大

① 中国驻英国大使馆教育处：《英国学校优秀足球苗子选拔培养制度及教学指南调研》，《基础教育参考》2015 年第 11 期。
② 颜中杰、何志林、李晓旭：《足球强国后备人才培养路径研究》，《体育文化导刊》2007 年第 8 期。
③ 龚波：《文明视野：中国足球的困境与出路》，北京体育大学出版社，2014，第 189～191 页。

培养力度，由足协委派专业教练对校园足球领域教练员进行继续教育，使各级学校足球教练员保持先进足球理念。俱乐部布点渗透，职业俱乐部定点对应，如在英足总的引导下，英国职业俱乐部有序参与本国校园足球服务。很多中小学与阿森纳等伦敦著名俱乐部建立了紧密联系。俱乐部派遣教练每周到学校培训一个小时，学生自愿免费参加。俱乐部与学校互动，既可以发现优秀青少年球员，又可以培养球迷的忠诚度，让俱乐部文化在学校扎根。德国业余足球俱乐部有 27000 个，是德国数量最多的单项体育俱乐部，为德国足协实施足球改革铺平道路。俱乐部遍布全国各地的学校和社区，促进了国外校园足球、社会足球、职业足球的深度融合发展。本章从理论、历史、实践的角度分析国外青少年校园足球治理的主体架构、运行机制与治理成效，认识其运行规律与特性，对分析中国青少年校园足球治理特点，提炼具有中国特色的青少年校园足球协同治理框架具有重要借鉴意义。

第四章

中国青少年校园足球协同治理框架构建

　　为解决共同发展青少年校园足球问题，政府与企业、社会组织、公众等利益相关者，需要以比较正式的适当方式进行互动和决策，共同承担相应责任与风险。从管理体制、参与主体、利益契合等角度看，中国青少年校园足球发展正逐渐向协同治理转变。中国青少年校园足球协同治理框架包括主体架构和运行机制，二者是实现校园足球协同治理的重要保障。主体架构包括部门协同、内外协同、府际协同、治理服务平台承上启下四个部分。运行机制包括资源动员、多元共治、利益分配三种方式（见图4-1）。

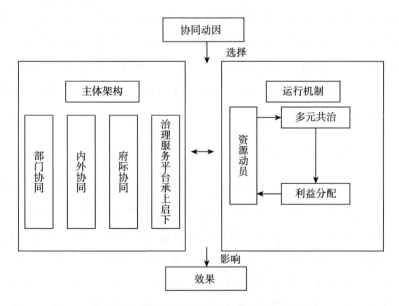

图4-1　中国青少年校园足球协同治理框架

第一节 中国青少年校园足球协同治理概念框架

校园足球的资金、场地、师资、竞赛等的多领域分布决定了校园足球系统的复杂性和任务的多样性，倒逼新时期青少年校园足球治理思路转变。政府利用自上而下、整齐划一的行政手段对校园足球发展和改革进行掌控，然而采用"一揽子"行政管理，在校园足球增量改革中显得力不从心。由于青少年日益增长的多样化学习需求，校园足球服务供给呈现整体不足。当前中国青少年校园足球具有准公共产品的特征，需要引入协同治理来推进校园足球高质量发展。校园足球协同治理研究不仅有利于从理论上分析校园足球治理问题，更有利于在实践中创新校园足球治理模式。

一 学校体育：青少年体育学习的场域

随着社会发展，教育逐渐得到重视。党的十八大报告指出，教育是社会发展、民族进步的基石。党的十九大报告指出，教育是中华民族振兴的基础工程。新时代，学校体育工作应主动融进教育改革发展中去，学校体育的总体目标是促进人的全面发展和社会进步。学校体育是基础教育的重要组成部分，学校应配备体育师资、场地、教材等基础条件，广泛开展体育活动。学校体育具有青少年群体集中、学习组织程度高等优势，是体育人才培养的重要方式。

（一）拓展学习时空

学校体育以培养学生体育兴趣、习惯，促进学生身心健康为主要目标，具有较强的计划性、目的性、组织性。学校体育内容涵盖体育与健康课程、课外体育活动，需要有相应的课程建设、师资、场地设施做保证。体育与健康课程是学校教学计划中的必修课程。课外体育活动内容丰富，包括课外体育锻炼、运动训练、体育比赛等。一方面，学校体育不仅需要保证体育与健康课程的开设，而且需要保证课外体育活动的开展。青少年体育学习的时空逐渐得以拓展。近年来学校体育管理体制呈现不同层级的制度化特征，各级学校在开足开齐体育课、不挤占体育课等方面加强监督，同时积极引导体育活动渗透到课外活动中，使得学校体育工作的开展越来越规范化。另一方面，学校体育的空间不再是传统意义上的学校。课外体育锻炼突破了早操、课间操等校内体育锻炼，延伸到学校外的个人体育锻炼、运动训练、体育比赛。其不仅包括在学校期间的运动训练及体育比赛，还包括周末、寒暑假的运动训练及体育比赛。学校体育要坚持课内与课外结合，体育与健康课程为课外体育活动提供理论与指导方法，课外体育活动巩固体育与健康课程学习效果，两者相辅相成。① 因此，学校体育本身具有纵向的时间和横向的空间拓展功能，能够跨越封闭的学校界限，拓展学习时空，与社会体育和家庭体育形成相互辐射的有机整体。

（二）保障学习权益

学校体育服务对象面向全体学生，通过多样化体育活动，让全体学生享有体育学习权益，这在促进青少年身心发展方面具有独特的作用。首先，从身体锻炼属性上看，学校体育具有较强的健身功能，具体体现在：青少年经常参加体育锻炼，不仅可以促进青少年身体生长发育，提高呼吸系统、心血管系统、运动系统机能水平，而且可以提高青少年身体素质和基本活动能力，增强机体对外界环境的适应能力。其次，从教育属性上看，学校体育具有较强的教育功能，具体体现在：青少年在体育活动中，通过对角色的学习与体验，促进个体社会化；通过对运动项目规则的学习，培养遵守社会规范的习惯；通过对竞争与挫败的体验，提升心理调适能力；通过对运动中的团队协作的学习，培养良好的人际关系。此外，学校体育还有娱乐、文化、辐射等功能。学校体育是校园文化的重要内容，也是传播体育文化的重要途径。② 针对少数运动有障碍的学生，学校可以尽量安排适宜的体育活动，帮助其改善体质状况，提升社会融合能力。同时，对于有一定运动天赋的青少年，学校可以根据实际情况，因地制宜安排运动训练，提升其运动技术水平。因此，学校体育应保障全体学生享受

① 沈建华、陈融：《学校体育学》，高等教育出版社，2010，第 27～28 页。
② 周登嵩主编《学校体育学》，人民体育出版社，2005，第 54～55 页。

体育的权利，积极发挥作用和影响力，为培养全面发展人才服务。①

二 校园足球：普及和提高足球运动的桥梁

校园足球是推进学校体育改革的探路者，是学校体育的一个重要组成部分，包括足球课、课余足球锻炼、课余足球训练、课余足球竞赛。足球课指学校按照国家规定的足球教学大纲，根据青少年学生的生长发育、健康状况、体育基础等情况，有计划地组织上课形式的足球教学活动。它是实现学校体育目的和任务的基本组织形式。课余足球锻炼指在课余时间，学校根据青少年学生性别、体质、足球基础和足球爱好等不同情况，展开不同的足球锻炼活动，课余足球锻炼对满足学生身体锻炼的特殊需要，以及增加青少年体育锻炼时间、发展学生的足球特长起着重要作用。② 常见的课余足球锻炼如足球操、班级足球联赛、足球节等。课余足球训练是学校利用课余时间对部分有一定足球特长的学生进行足球训练，以期培养足球后备人才。课余足球竞赛主要指为青少年学生组织的各种校内外足球赛事。随着校园足球深入改革，其组织形式呈现多种多样的态势。

（一）实现教育立德树人根本任务

足球作为世界第一运动，社会影响大，为青少年全面发展提供重要平台。英国杰出教育家洛克提出健康的精神寓于健康的身体，健康的身体是青少年学习、生活的基础，唯有忍耐磨炼，养成体育锻炼习惯，才能拥有强健的身体。足球运动竞争激烈、对抗性强、比赛时间长，具有要求参与者身体素质全面发展的项目特点，集运动的诸多要素于一身。足球运动中，运动员会长时间消耗体能，需要较强的耐力素质；运动员会突然起动，需要较好的速度素质；运动员之间的合理碰撞，需要较强的力量素质；运动员鱼跃冲顶，需要较好的柔韧素质。青少年正处于生长发育最旺盛的时期，这一时期学生的身体状况对于其健康成长具有重要影响。各级学校积极开展校园足球活动，有利于提升青少年身体素质，增进青少年体

---

① 沈建华、陈融：《学校体育学》，高等教育出版社，2010，第28页。
② 中国大百科全书总编辑委员会编《中国大百科全书》，中国大百科全书出版社，2002，第210页。

质健康，其是促进青少年强身健体的一个良好平台。校园足球既要符合教育和人才成长的规律，又要符合足球运动的规律，充分发挥足球在教学、训练、竞赛等环节的育人功能。足球运动趣味性强，具有大集体项目特征，需要参与者养成团队协作等群体心理，具有培养青少年群体意识和社会责任感，树立规则意识，享受足球运动乐趣，锤炼青少年勇敢顽强、奋发进取等优良意志品质，健全积极健康的人格与情绪状态等益处。

（二）提升足球普及程度和学员竞技水平

青少年是中国足球的基础和希望。2019 年，全国青少年校园足球特色学校已经达到 2 万多所。各级学校足球课程设置、教学资源逐渐完善；足球竞赛体系内容、形式等方面逐渐丰富，课余训练、球队建设逐渐规范高效；师资配置和培训、场地设施供给、资金投入等校园足球保障更加有力。[①] 学校普遍开展足球运动，使得足球普及程度大幅提升。小学阶段，校园足球初步激发学生学习足球兴趣，同时使其掌握最基础的足球理论和技术动作；初中阶段，校园足球进一步传授足球的基本知识和运动技能，培养学生进行足球锻炼的积极态度和能力；高中阶段，校园足球培养学生的足球特长，使其养成坚持锻炼身体的习惯。校园足球是夯实足球竞技人才培养的基础。学校是足球运动人才的摇篮，尤其是校园足球特色学校要善于发现有足球天赋和运动才能的学生，组织足球运动队指导学生参与课余足球训练和竞赛，为高一级的学校及俱乐部输送足球后备人才。

（三）推进学校体育综合改革

校园足球活动成了学校体育教育改革的抓手。校园足球通过试点单位推广校园足球课程，使学生掌握足球运动技能，同时开展班级、校际足球竞赛活动，解决中国学校体育长期存在的教不会学生运动技能、没有竞赛等问题。有关青少年体质健康滑落、近视率居高不下、体育活动时间少、独生子女溺爱、性格缺陷等社会问题频发，引起社会广泛关注。校园足球

---

① 规划编制小组《中国足球中长期发展规划（2016—2050 年）100 问》，北京体育大学出版社，2016，第 54～55 页。

活动从青少年学生的兴趣出发，增加青少年体育活动量，提升青少年体力，促进青少年体质健康，健全青少年人格，强调青少年全面发展，这也是目前学校体育改革的重点。此外学校是竞技后备人才培养的摇篮之一，如何提升学校领域竞技后备人才培养也是新时代学校体育改革的重点。随着校园足球深化改革，校园足球领域的人才上升通道逐渐明晰。优秀的足球水平纳入学生综合素质评价，青少年学生足球运动员可以获得运动员等级认证等制度激励，获得小学升初中、初中升高中，甚至高中升大学等政策优势。校园足球领域人才贯通制度逐渐通畅。校园足球改革是学校体育改革的先导，对篮球、网球、游泳等项目开展具有较强示范作用。

三　校园足球协同治理：政府主导多元主体协同供给

中国青少年校园足球协同治理主要体现在三个方面。首先，治理理念实现了从"行政管理"向"公共治理"转变。校园足球发展初期，各级特色学校需要依靠政府部门的行政推广。然而多元主体参与诉求的日益强烈化、利益张力的日益普遍化，以及校园足球的社会性质决定了其需要进行社会化动员。青少年校园足球治理拓宽了原有的行政管理理念，开始探索多元公共治理理念。其次，参与主体实现了从"单一主体"向"多元主体"转变。校园足球涉及面广，其支持体系、教学体系、训练体系建设是一项综合性工程，需要吸收多主体有效参与，提升校园足球有效供给效率。政府部门依据职能分工各有资源优势，社会力量也具备参与性、开创性、灵活性、低成本性等优势。多方参与可以有效应对校园足球资源不足并发挥不同力量的独特作用，进而形成合力，实现校园足球的协同治理。最后，运行机制实现了从"任务驱动"向"需求导向"转变，从"各自为政"向"利益契合"推进。随着公共治理理念转变，越来越多的管理者更加关注青少年体育活动需求，更加强调未来校园足球服务的有效供给。多元主体参与具体行动，充分实现多元主体的利益表达、利益综合与利益协调，凸显协同治理的必要性和优越性。

（一）从"行政管理"向"公共治理"转变

中国青少年校园足球事务已从最初的单一行政垂直型管理向公共治理

转变。中国青少年校园足球实行高度的中央集权，政府之间有着直接领导与监管关系，保证中央对地方校园足球事务的监管。中央的安排和鼓励是地方政府之间合作的动力来源。各级政府部门在对话机制建立的章程和制度的基础上互相考察、开展座谈联席会议，如就校园足球资源合作开发、联赛建设等治理工作展开协商达成协议。各级政府出台校园足球地方治理的制度化和保障性条款，通过行政、财政等手段督促地方校园足球监督管理。校园足球的场地、师资等保障体系均以政府公共财政投入为主。然而府际层级体系庞大使得政府行动迟缓，加上地方政府部门资源存在的差异性，无法迅速实现区域校园足球政策落地。在这种情况下，政府已无法再大包大揽所有校园足球规制事宜。目前，校园足球服务多为基础教育服务，具有公共产品或准公共产品属性，其治理模式可遵循公共治理的一般规律。各级政府搭建信息沟通平台，建立平等对话的合作关系，接受社会的自发合作，执行政府、市场、社会共同参与青少年校园足球发展决策，形成创新校园足球治理模式的坚实基础。

（二）从"单一主体"向"多元主体"转变

多元主体共同参与校园足球管理是国外青少年校园足球发展经验的重要启示。校园足球利益相关者涉及教育部、文化部、体育联合会、足协、俱乐部等主体。体育和教育等政府部门在日本、韩国发展校园足球过程中发挥主导作用，各行政层级也建有相应校园足球管理机构。韩国校园足球的主导部门是文化体育观光部。韩国足协坚持专业力量服务校园足球的顶层设计及操作过程，全面管理学校足球的教练员培训、竞赛制度、学生注册制度等方面。日本文部科学省、足协、俱乐部、企业联合参与各级学校足球活动。德国教育系统的主要任务就是给孩子们提供一个接触足球的机会，其校园足球活动主要依托俱乐部开展。德国足协为校园足球普及工作提供多样化的支持。英国教育部是监管校园足球的主要政府机关。英国教育部全权委托英格兰足球总会监管校园足球发展。英足总和教育部批准并专门成立英格兰学校足球协会，其下设 40 个学校足球协会，共同负责全国、地方的校园足球教学及比赛，完成英足总的普及目标。国外校园足球治理的总趋势是政府介入程度不断弱化，社会和市场对校园足球的介入程度不断增强。在此基础上，多元主体之间分工明确的通力协作值得中国校园足球治理学习与借鉴。

发展校园足球不仅是政府部门的责任，更应广泛动员各方社会力量参与，这一点已经取得初步共识。随着"公共治理"理念的渗透，单一主体供给的局限性逐渐突出，需要构建中国青少年校园足球协同治理的多元主体供给结构。校园足球的多领域分布决定了校园足球任务的复杂多样性，资金、场地、师资、竞赛等问题超出单一部门的职责和解决能力范围，导致政府规制能力遭遇瓶颈。同时各级政府将提供专业技术服务贯穿校园足球实施全过程，提倡发挥足球协会、校园足球协会等足球行业组织的作用，利用专业力量指导校园足球规范发展，尤其在校园足球的师资培训、人才选拔、专业训练、竞赛推广等核心环节中实施特定监管。各级政府吸纳与鼓励社会组织等社会力量积极参与校园足球供给，通过社会捐赠、政府购买等形式，推动校园足球产业链的上延下伸，共同构筑校园足球治理主体多元阵营，这是校园足球协同治理的客观现实基础。

（三）从"任务驱动"向"需求导向"转变

总结国外发展校园足球的成功经验可以发现，内容丰富的学校足球课程、课内外足球活动成为校园足球工作的重要依托，各种类型的足球俱乐部活动是校园足球工作的重要载体。足球运动已经成为日本国民生活的一种精神寄托，对青少年影响很大。韩国早在 20 世纪五六十年代就已经确定了足球的"国球"地位。足球俱乐部是德国数量最多的单项体育俱乐部，足球是英国重点发展的传统体育运动项目。国外青少年校园足球治理的关键，是以青少年参与足球运动的需求为导向，激发学生参与足球运动的兴趣，满足青少年进行足球学习的需求。2015 年，国务院出台《中国足球发展改革总体方案》，将足球产业上升到了"国策"的高度。而校园足球恰好是足球产业发展的基石，对此，教育等政府部门精心研究和策划，致力于建设校园足球特色学校、试点县（区）、改革试验区，推进校园足球教学、课余训练、竞赛及保障体系建设，进而全面推进全国青少年校园足球工作。各级校园足球特色学校、试点县（区）、改革试验区基本实现开展足球课程的任务。课内外足球训练、竞赛等活动多以俱乐部形式实施与推广，诸如校园足球俱乐部、社会足球俱乐部、职业足球俱乐部。这些俱乐部以学习需求为导向，以共同兴趣爱好为基础，利用课余时间为学生组织课内外足球活动，不仅实现了与校园足球课程接轨，而且为指导学生足球训练提供保证，同时有利于选拔足球优秀人才。校园足球活动开展逐渐实现由"任务驱动"向"需求导向"转变，激发了校园足球发展的内在动力。

（四）从"各自为政"向"利益契合"推进

校园足球利益主体涉及面广，包括各级政府、学校、企业、社会组织等，每一个利益主体由于其所处位置、拥有的信息和资源不一样，其利益诉求也不一样。首先，多主体在共同利益条件下整合力量。校园足球多部门的主体设计容易造成各自为政、体制内部门条块分割及被动参与，从而各部门容易将自己的"部门利益"凌驾于公共利益之上。多主体需要坚持公共利益导向，找到利益契合点，实现共同利益。青少年校园足球服务能够呈现政府公共服务能力及政府对于公共利益的实现程度。追求"发展足球运动，促进青少年全面发展"等公共利益，是实现校园足球协同治理的合作动力和内在逻辑。各方只有在履行公共利益的基础上实现合作，才能达成校园足球保障与可持续发展的目标，才能为利益相关各方带来实际利益。其次，各参与者以自身利益最大化为出发点决定参与行动。政府、企业、社会组织在自身利益的驱使下，以多维支持系统的形成来寻求其合理利益诉求，实现博弈参与"双赢"或者"多赢"。教育部门注重青少年的全面发展，体育部门注重青少年专业人才的培养，足球俱乐部注重青少年足球专业人才的培养，足协等社会组织则侧重关注足球普及与竞技水平提高。足球项目社会组织生长迅速，校园足球供需矛盾剧烈，以及政府职能转变明显，导致校园足球购买服务制度运用广泛、校园足球赞助规范化、政企社校共建俱乐部频繁。多主体利益契合度越高，多主体治理效果越好，反之效果则差。① 校园足球协同治理体现为政府主导下的多元主体，面对校园足球供需矛盾、政府职能转变、非政府体育组织自下而上生长的

---

① 唐刚、彭英：《多元主体参与公共体育服务治理的协同机制研究》，《体育科学》2016年第3期。

现实，根据治理有利条件、利益契合度采取的集体行动（见图 4 - 2）。协同治理依据利益相关主体所拥有的资源禀赋和所具备的基础条件，重视多元利益主体的协作互动，满足利益相关者利益诉求，构建良性互动的合作伙伴关系，共同实现发展青少年校园足球目标。

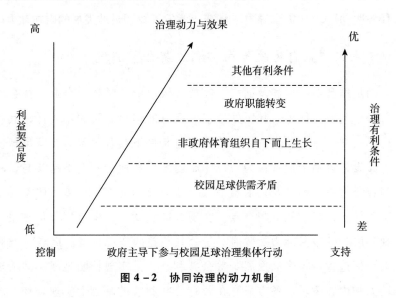

图 4 - 2　协同治理的动力机制

第二节　中国青少年校园足球协同治理主体架构

主体架构是中国青少年校园足球协同治理的组织支撑。校园足球任务的复杂性要求组织架构内各参与主体之间形成网络结构，即基于共同发展校园足球，各个参与者参与校园足球教学、训练、竞赛、保障体系建设的行为构成了治理网络的组织节点。为提高青少年校园足球治理效果，协同治理需要建立沟通、互动、协作的自上而下和自下而上治理主体结构，使来自政府、企业、社会组织等的行动者在一个制度化的框架中相互依存，并为发展青少年校园足球展开联合行动。① 协同治理最初用于商业组织之间的战略协同，随着讨论的内容不断改变，逐渐拓展到政府不同部门、企业、

---

① 陈剩勇、于兰兰：《网络化治理：一种新的公共治理模式》，《政治学研究》2012 年第 2 期。

社会组织之间。协同方式主要有串联、并联和混合三种。因此，中国青少年校园足球协同治理主体架构可归纳为部门协同、内外协同、府际协同、治理服务平台承上启下。中国青少年校园足球协同治理的行动构成见表4-1。

表4-1 中国青少年校园足球协同治理的行动构成

	部门协同	内外协同	府际协同
主体构成	同级职能部门	公私部门	中央—地方；省—市—县
主体关系	平等关系	委托代理	等级关系
行为过程	综合协调	民主参与	命令服从
权威类型	协调型	协商型	法理型
行为表征	职能统合	PPP	政策执行
协同条件	协商	契约	领导力

一 部门协同

校园足球是基础教育的重要组成部分，是具有复杂性和综合性的跨部门议题，它需要部门协同，即在政府统筹的情况下，各职能部门充分发挥作用，以并联式协同方式，平等协商、分工协作。部门协同具体由教育部主导，国家发展改革委、财政部、国家体育总局等多个同级职能部门构成校园足球领导机构。[①] 部门协同要强化职能部门之间的平等关系，注重职能部门之间的综合协调，加强职能部门之间的资源统合，坚持协商协同条件。

（一）建立整合性结构体系

校园足球工作涉及面较广，需要多个横向职能部门协助完成。因此，部门协同采取较为正式的组织形式，建立了专门的整合性结构体系，具体分为协调机构——校园足球工作领导小组和办事机构——校园足球工作办公室。校园足球工作领导小组一般设立组长、副组长、成员，均是各组成部门相关工作的负责人。校园足球工作办公室负责校园足球工作领导小组

---

① 教育部等：《关于加快发展青少年校园足球的实施意见》，教体艺〔2015〕6号，2015-7-27。

日常事务的具体实施，配备专职工作人员，常设在教育系统里，以便联络和召集各方共同解决校园足球相关问题。教育部门作为牵头部门，承担校园足球合作事项的统筹协调，并将原来分散在各政府部门的对校园足球诸多事项的相应管理权力进行有效整合，打破部门壁垒，改变各自为政的碎片化治理状况。其他参与成员单位根据自身的资源优势与部门利益，承担不同的职责分工（见图4-3）。各级校园足球工作领导小组及办公室要围绕校园足球具体任务在决策—执行—监督过程中发挥应有的作用，要在决策形成之前做好调查研究，在达成共识基础上制定相关政策，并负责决策实施过程中的具体落实工作，同时反馈和督导政策具体执行情况。

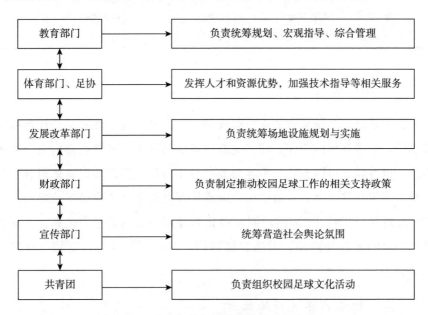

图4-3　青少年校园足球职能部门职责分工

（二）加强政府部门职能整合

首先，共识决策是部门协同的主要特征。不同部门的工作目标与内容在某些方面具有一致性、匹配性，这为部门间优势互补、资源整合创造了有利条件。加强政府部门职能整合需要建立多方认可并共同遵守的规则，追求倾向于"无边界"的合作，统一决策，协调行动，达成共同行动。教育部、国家体育总局等多部门联合出台多项人才培养、竞赛管理等方面的校园足球政策，诸如校园足球系列运动员等级水平认证、校园足球竞赛体系构建、校园足球人才选拔机制建设等，以上均是教育、体育等部门达成共识协同决策的重要举措。其次，平等协商是加强部门协同的重要条件。参与校园足球治理的部门行政地位相同，属于平等关系，其互动关系与行为过程表现为综合协调与互动配合。这些部门通过整合政府部门职能，追求跨部门合作，加强有效沟通，实现信息共享和资源支持。部际联席会议是部门协同最为普遍的协商沟通机制。教育部作为牵头机构，通过定期召开部际联席会议及时沟通交流和协商校园足球相关问题。此外，各级职能部门通过签订合作协议，明确各自的业务范围和责任，达成部门协同共识；同时借助信息技术平台，建立校园足球诸多事项的交流机制，推进部门协同的工作进程。

二　内外协同

横向其他主体以混合协同方式，关注政府与社会合作，共同完成协同任务，即内外协同。其行动主体是政府与社会，表现为教育、体育等政府部门与企业、俱乐部、行业组织等之间的互动过程。政府简政放权推进了青少年足球市场、社会共治。政府资源的有限性、社会资源的灵活性和广阔性催生了政府和社会的合作，校园足球相关政策致力于整合内部政府资源和外部社会资源，探索建立政府、企业、社会合力推进校园足球发展的治理体系。地方积极探索构建公私合作伙伴关系，建立"委托—代理"模式，推广政府购买服务制度。当前青少年校园足球场地修建、师资培训、运动训练等行为均属于政府购买服务范畴。

（一）政府——青少年校园足球治理的主导者

基于校园足球发展好的国家及地区的经验和启示，中国青少年校园足球治理需要打破政府一元治理思路，形成政府、市场、社会多元治理格局。政府是公共及特殊利益的代表，负责校园足球治理所需的制度供给和公共资源投入。在校园足球服务方面，政府不仅要为青少年提供丰富的足球教育活动，而且要让广大青少年获得参与足球教育活动的机会。提升校园足球教育质量和服务品质，促进校园足球均衡发展，是基础教育应尽的义务。师资、场地不足等使校园足球服务的供需矛盾尤为突出。因此，政府主导青少年校园足球治理，不仅是实现青少年校园足球国家治理现代化的根本要求，而且是基础教育全面深化改革的一项重要举措。在青少年校园足球治理中，政府向社会分权、放权，积极培育青少年足球市场、社会组织，积极扶持市场、社会组织发展，加强政府对市场、社会的监管，避免出现政府"总揽一切"或"过度退让"两个极端，围绕校园足球治理目标，加强政府、市场、社会的互动沟通，同时加强政府治理系统内部各部门、各个子系统的有效协同，形成"国家在行动、市场在行动、社会在行动"的协同治理体制。

（二）企业——青少年校园足球治理的支持者

随着改革开放的深入和市场经济的发展，国内体育产业蓬勃兴起，企业参与校园足球服务是政府提高校园足球服务效率，拓宽校园足球服务领域的重要模式。[①] 中国青少年校园足球服务存在政府供给效率低甚至不足的问题。这为市场力量进入校园足球领域提供了可能性和可行性，推动校园足球服务的市场化改革和供给主体的多元化。随着人们生活水平的提高和健康意识的增强，青少年利用课外时间参加足球训练等体育消费已成为一种时尚，从而产生了大量青少年足球培训的市场需求。伴随足球战略性地位的提升，中国青少年足球市场已现雏形，青少年足球培训机构、社会足球青训机构、体育公司等多种形式的产业主体均已出现，国内青少年足球培训机构超过6000家，已经成为近年来体育产业增长的新支点。体育产业在发展的同时逐渐形成了各自的利益群体，并具备了一定的利益表达、利益综合与利益实现能力，为实现多元主体参与校园足球治理奠定了坚实的社会基础。

（三）社会组织——青少年校园足球治理的服务者

服务沟通是社会组织在青少年校园足球协同治理中发挥的重要作用。足球及校园足球协会是校园足球领域比较专业、重要的行业协会。作为以维护行业利益为基本价值诉求的社会组织，足球行业协会是校园足球

---

① 高海虹：《政府向社会力量购买公共服务的合同制治理研究》，《理论月刊》2014 年第 9 期。

与社会足球、职业足球的中介，是学校与俱乐部、俱乐部与俱乐部、俱乐部与青少年之间实现交流合作的中介。社会组织的服务功能具体体现在为社会和各级政府服务。足球行业协会为各级学校、企业、公众提供信息咨询、师资培训、训练指导、赛事组织、市场调研等服务，诸如中国足协公布了《全国社会足球品牌青训机构认定标准（试行）》，对社会足球青训机构进行评估，要求社会组织采取积极健康行动，推进足球行业的健康可持续发展。各级政府需要社会组织提供区域校园足球发展报告、协助出台校园足球相关政策等。社会组织独立于政府系统以外，拥有自身的专业性，承担校园足球发展的社会评估及反馈服务。因此，各级职能部门应依法承认社会组织的主体地位，让社会组织释放出更多的公共资源和社会空间。

（四）公众——青少年校园足球治理的受惠者

公众在青少年校园足球治理中具有双重身份，其既是青少年校园足球活动的直接参与者，又是青少年校园足球政策的受惠者。各级政府发展校园足球，必须得到公众的充分理解与广泛配合。政府部门通过校园足球活动实现立德树人的育人目标，最大限度实现青少年身心全面发展，发挥学校教育正向功能。公众尤其是青少年，通过校园足球活动获得身心发展，成为最大的受益者。另外，公众拥有广泛的社会资源，弥补了政府对青少年校园足球治理的不足和"失灵"。在青少年校园足球治理体系中，政府虽然起主导作用，但没有社会公众的广泛参与，很难实现政府与各方力量的多元共治。此外，公众对政府和社会力量共同参与的校园足球活动的意见反馈，为政府及社会力量改进校园足球发展方式提供重要经验和依据。

三 府际协同

府际协同指纵向行政层级以串联式协同方式，发挥政府主导作用，共同完成协同任务。府际协同拥有贯穿中央—地方的垂直主体构成，追求职能部门等级主体关系，强调命令服从行为过程，注重法理权威类型，强调政策执行行为表征，坚持领导力为协同条件。

(一) 自上而下健全行政管理机构

中国青少年校园足球推广设立自上而下的行政管理机构，主要包括国务院和各中央部委与地方政府以及省、市、县不同层级地方政府。其核心行动者构成包括全国校足办与地方校足办、同一个职能系统不同行政层级，如教育部与教育厅（教委）、财政部与财政厅（局）、基层中小学与教育部门。这些行政机构表现为纵向权力配置关系，上下联动。无论是全国到地方各级校足办间的交流沟通，还是地方政府到基层学校协调合作平台的建立，均体现着府际协同的层级性。府际协同基于行政层级管理，其互动关系和行为过程表现为不同等级关系领域的命令与服从，其通过逐层推进校园足球相关管理办法与制度文件，以政策法规的"法理"权威推进校园足球工作的执行与落地，表现为领导力下的协调与合作。在全国青少年校园足球工作领导小组的带领下，大部分省（区、市）都成立了地方校足办，根据中央发展校园足球的管理文件，各级政府出台了一系列有关地方校园足球发展的意见及规划。国家级、省级、市级、区级青少年校园足球特色学校系列，国家级、省市级试点县（区）系列，校长杯、市长杯、省长杯校园足球联赛系列，国家级、省级校园足球夏令营系列均属于府际协同推进中国校园足球发展范畴。

首先，合理界定不同级别政府的管理缺陷。中央政府主要从制度安排和财政支持方面促进各地校园足球服务。省级政府作为中间层，结合中央发展校园足球政策和本省实情，制定管辖范围内校园足球服务供给的相关政策，诸如地方校园足球发展意见、发展规划等，同时加大对市县级校园足球发展问题的协调与指导，如特色学校、区域校园足球训练营的建设和监督等。其次，建立区域校园足球服务的保障机制。发展校园足球需要诸多基础条件，中国校园足球发展水平受区域影响较大。财政支持是确保校园足球服务供给的基础。中央政府要进一步加大财政转移支付力度，尤其是面向中西部欠发达地区的校园足球师资培训、足球场地设施配备、足球训练营建设的转移支付，确保区域校园足球服务供给水平。

（二）自下而上注重基层实践探索

教育部在推广校园足球过程中形成自上而下的顶层制度设计与自下而上的区域试验创新相结合的互动方式。东部经济发达地区尝试采用社会化动员方式，鼓励社会资本投入校园足球领域，通过引入市场机制，大力发展体育产业市场，形成多层次、多类型的青少年校园足球服务供给模式（见图4-4）。例如海门市政府坚持政府主导、政企共建、社会参与原则，共同打造海门校园足球健康发展新模式。海门市校园足球治理主体架构最大的特点是教育部门、体育部门与企业等市场力量合作密切。海门市通过制度化运行机制，加强政府与企业合作；通过市场化、社会化运行机制，吸引社会专业机构参与校园足球治理，推动海门足球产业链的上延下伸。海门市教育局与上海强茵体育文化传播有限公司签订师资培训协议，全力支持海门市的校园足球种子教练员培育班，裁判员、校外指导员培训班。在海门市教育局的支持下，南通三建每年投资2600万元支持青少年校园足球，并与青少年足球学校合作成立精英女子足球俱乐部，高薪聘请原塞尔

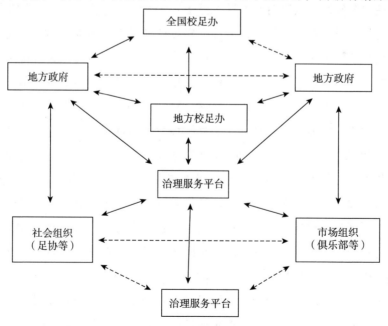

图4-4 青少年校园足球服务供给模式

维亚教练团队指导校园足球活动的开展。海门市教育局也支持中南珂缔缘足球俱乐部与海门市中小学结对，使中小学可以享受到专业的训练指导，还可为俱乐部输送专业人才。中南珂缔缘足球俱乐部、青少年足球训练基地通过企业帮扶，利用社会专业资源，对海门市校园足球运动的竞赛设计及青训体系、师资队伍建设给予支持。从创新机制角度出发，创新政企、校企合作的发展机制，创新普及与特色发展的衔接机制，创新联赛激励与精英人才培育的促进机制，创新教练员培训与选聘的融合机制，创新国际交流的共赢机制等均是海门校园足球近几年做出的积极探索和取得的成功经验。

曲周县是一个典型的平原农业县、财政困难县。2016 年，曲周县被教育部确定为"全国青少年校园足球试点县"，是河北省 4 个全国青少年校园足球试点县（市、区）中唯一一个经济不发达的农业县。因此在人民政府的支持下，曲周发挥热心企业家的优势，充分调动企业家等社会各界力量参与支持校园足球活动。曲周县人民政府出台了《曲周县关于鼓励校企合作推进校园足球发展的实施方案》，规范社会力量参与校园足球活动的合法性和合理性。政府精心考量了企业力量等综合因素，确定了首批 49 家企业进行一对一精准帮扶，在学校组建足球俱乐部，由企业冠名，企业将在学校足球队伍建设、场地器材配备、外出训练比赛等方面提供必需的经费支持。球队利用各种场合为帮扶企业宣传，实现双赢双创双发展。曲周县社会足球专业资源有限，因此其突破区域限制，与专业俱乐部展开合作。曲周县教育体育局与甄客（北京）体育俱乐部签订了《曲周县足球人才成长计划协议》，该俱乐部将曲周镇前河东小学、县第二实验小学等中小学作为训练基地，选派专业教练员指导学校开展足球教学、班级联赛、足球梯队训练。曲周青少年校园足球治理强调政企校合作，通过推进政企校合作制度化，倡导企业承担社会责任。企业为开展校园足球活动提供强有力的经费、技术保障，解决曲周校园足球难题。曲周政府部门突出行政推动，确保企业和学校之间良性互动，探索了一系列开创性的做法，这是一种新型校园足球保障模式。该模式对于在中国青少年校园足球创新模式下处理政府与企业之关系，发挥企业社会责任促进校园足球供给保障，具有很强的借鉴意义。区域校园足球自下而上的治理探索，为上级政府行政部门发展校园足球提供决策参考。

四　治理服务平台承上启下

为更好推进政府、企业、社会组织等有效协同，校园足球协同治理需要中间的载体，即青少年校园足球治理服务平台，其涵盖青少年校园足球特色学校、试点县（区）、改革试验区、"满天星"训练营等（见图4－5）。这些治理服务平台充分发挥承上启下作用，建立健全多元主体沟通协调机制，实现信息资源高效对接。其在各级青少年校园足球工作领导小组的统筹规划下，扩大试点推广，提升校园足球发展效益。一方面，校园足球协同治理需要了解青少年足球活动需求，收集区域校园足球治理经验，进而建立自下而上的反馈机制；另一方面，校园足球协同治理应积极关注相关职能部门落实发展校园足球的实际情况，建立自上而下的监督机制。此外，青少年校园足球治理服务平台还负责梳理区域资源类型及提供方式，探寻科学、高效的校园足球保障机制。

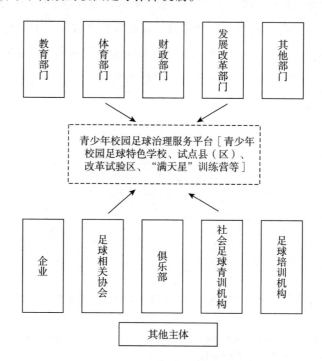

图4－5　青少年校园足球治理服务平台

（一）青少年校园足球特色学校

青少年校园足球特色学校是向青少年提供校园足球服务的重要平台或载体，也是落实校园足球供给的执行层。各级校园足球特色学校是普及发展校园足球的主体力量，[①] 是以足球为载体全方位开展育人实践的学校。[②] 中国已建立国家、省、市、区四级青少年校园足球特色学校体系，逐渐形成点线面相结合的格局。2015～2018 年，教育部以"做好存量，发展增量"为原则，遴选了国家级青少年校园足球特色学校 24117 所（见图 4－6），预计到 2025年实现建设 3 万所特色学校的目标。各级政府积极建设地方校园足球特色学校体系，大部分省份直接以省级、市级校园足球特色学校命名，但是也有地方做法不同，诸如以"校园足球示范学校""校园足球实验学校"命名。其中，内蒙古自治区、江苏省率先将青少年校园足球特色学校建设拓展至幼儿园，随后教育部在全国范围内推广足球特色幼儿园工作，截至 2020 年遴选了全国校园足球特色幼儿园 3570 所。青少年校园足球特色学校系列已经实现从幼儿园到中小学各年龄段人口全覆盖。各级青少年校园足球特色学校面向全体学生每周开设 1 节足球课、组织课余训练和校内联赛、组建学校足球队参加校际联赛，从而树立一批校园足球教育教学工作先进典型，推动广

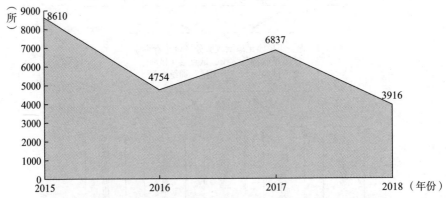

图 4－6　2015～2018 年国家级青少年校园足球特色学校数量

① 教育部：《关于加强全国青少年校园足球特色学校建设质量管理与考核的通知》，教体艺厅〔2018〕18 号，2018－4－4。
② 赵治治等：《我国青少年校园足球特色学校的建设：概念、特征与反思》，《首都体育学院学报》2018 年第 3 期。

大中小学全面普及足球运动。

(二) 校园足球试点县 (区)、改革试验区

中国校园足球以校园足球试点县 (区) 建设作为切入点, 推进示范点样板打造, 积累经验。这种以点带面的形式对于全国性推广校园足球具有很强的借鉴意义。近年来, 中国已经形成国家、省、市等不同级别校园足球试点县 (区) 系列。2015～2018 年, 教育部共认定了 135 个全国青少年校园足球试点县 (区) (见图 4 - 7), 区域分布集中在辽宁、江苏、河南等地 (见图 4 - 8)。

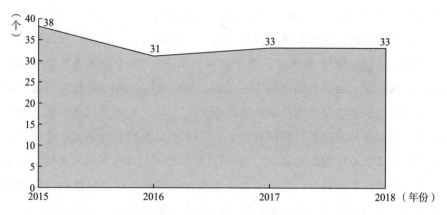

图 4 - 7　2015～2018 年获批全国青少年校园足球试点县 (区) 总量

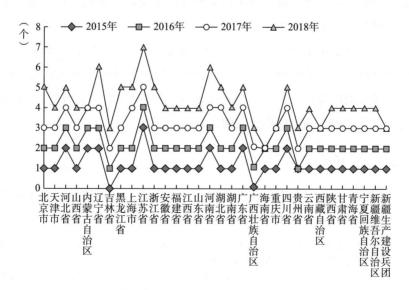

图 4 - 8　全国青少年校园足球试点县 (区) 区域分布

教育部及地方政府出台了一些鼓励性政策，在教学、训练、竞赛、保障等方面给予全国青少年校园足球试点县（区）支持。全国青少年校园足球试点县（区）充分利用政策优势，推进区域校园足球工程建设。2017年，广东省建立22个省级试点县，贵州省建立7个省级试点县，湖南省建立8个省级试点县，浙江省建立9个省级试点县。各级教育部门通过签订备忘录的形式，加大配套投入力度，助推各级校园足球试点县（区）建设。福建省对国家级校园足球试点县（区）每年资助50万元，对省级校园足球试点县（区）每年资助30万元。为推动和指导校园足球试点县（区）工作，教育部提出坚持先试先行，提倡政府主导、学校主体、行业指导、社会参与的发展模式。[①]

教育部在建设校园足球试点县（区）的基础上，积极推动校园足球改革试验区建设。截至2018年，教育部先后认定了38个全国青少年校园足球改革试验区，涵盖计划单列市、省会、地级城市。2015年批复同意的第一批全国青少年校园足球改革试验区有3个，2017年批复同意的第二批全国青少年校园足球改革试验区有8个，2018年批复同意的第三批全国青少年校园足球改革试验区有27个。全国青少年校园足球改革试验区建设以完善八大发展体系为目标，其中强调足球教育将延伸至幼儿园阶段，搭建科学规范、衔接有序的教学体系；通过政府购买服务方式，鼓励支持社会力量参与校园足球工作；通过教体资源整合，实现教育系统、体育系统足球场地资源共建共享，让体育系统教练员、运动员、退役运动员进入教育系统，加快推进校园足球与青训体系一体化设计的合作格局，[②] 建立教育与体育相互衔接的人才输送渠道。各级职能部门扩大校园足球试点县（区）、改革试验区的治理自主权，坚持先试先行，创新机制，积累经验，因地制宜地开展具有地方特色的校园足球工作。

（三）"满天星"训练营

中国已经在建立青少年校园足球特色学校教学、训练、竞赛体系的基

---

① 教育部：《关于加强全国青少年校园足球改革试验区、试点县（区）工作的指导意见》，教体艺厅〔2017〕1号，2017－02－17。

② 教育部：《全国青少年校园足球改革试验区基本要求》，教体艺厅〔2018〕3号，2018－08－20。

础上，逐步形成校级、区级、省级、国家级等具有中国特色的校园足球青训体系，不仅包含以学校、区域为单位的系列校园足球夏令营、冬令营活动，还涵盖"满天星"训练营系列。校内外课余训练、竞赛体系和选拔比赛，让足球兴趣浓厚及基础好的青少年有了提高足球运动技能的途径，同时畅通了人才晋升的平台。以"满天星"训练营为例，"满天星"训练营是各级教育与体育部门积极探寻的青少年足球后备人才培养模式（见图4-9）。"满天星"寓意"聚是一团火，散去满天星"。2017年11月，成都市金牛区、上海市杨浦区、广东省海珠区等9个地区被教育部列为首批全国校园足球"满天星"训练营试点区。2018年教育部增加了47个全国校园足球"满天星"训练营，截至2020年"满天星"训练营总数达到80个。"满天星"训练营建设允许结合自身实际情况，在教练员培训、升学通道、经费保障和教体融合等方面进行创新探索。其中足球协会、俱乐部等专业力量支持区域校园足球课余训练为创新机制之一，形成先行先试的有益尝试，诸如上海绿地申花足球俱乐部为上海区域"满天星"训练营建设提供服务、广州富力足球俱乐部签约共建梅州市"满天星"训练营、成都市足协为金牛区"满天星"训练营提供青训服务和技术支持。

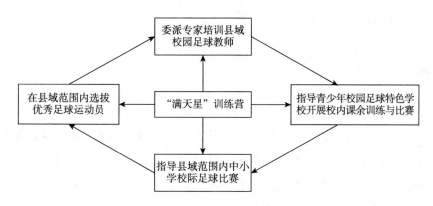

图4-9 "满天星"训练营核心功能

依托青少年校园足球特色学校、试点县（区）、改革试验区、"满天星"训练营等治理服务平台，各级政府针对青少年校园足球特色学校的教师及管理人员，开展校园足球相关培训；针对普通青少年，开展校园足球文化教育；针对足球特长青少年，开展校园足球训练、竞赛等教育活动。总之，不同类型的青少年校园足球治理服务平台能够有针对性地为青少年提供各类校园足球服务,实现了多个主体在足球教学、训练、竞赛、保障等治理体系中的有序参与。

第三节 中国青少年校园足球协同治理运行机制

运行机制是多元主体走向集体行动过程的重要保证。资源动员、多元共治、利益分配是校园足球协同治理的重要保障。资源动员,要求不同参与主体发挥各自的资源禀赋和能力优势,其既可以通过行政、市场等正式机制来维护,又可以借助信任、声誉等非正式机制来动员。多元共治,包括利益相关者的目标设定、角色分工、权责划分、行动步骤、反馈评价等,使多元主体建立信任,加强不同主体之间的沟通协调、配合协作、民主协商,进而达成共识。多元共治是通过集体行动达成共同承担校园足球多项任务的重要行为。利益分配,关注不同主体的诉求表达、权益保障、利益协调、矛盾调处,以化解冲突,实现各参与方的个体利益和整体利益最大化。政府与企业、社会组织、公众形成行为联合体,集中使用资源、专业知识技能,分担责任,共同享受权益与发展。

一 资源动员有力

(一) 校园足球资源

校园足球资源是一定地区或学校开展足球活动的保障。依据组成要素划分,校园足球资源分为物力资源、财力资源、人力资源。物力资源主要指校园足球场地与设施条件,财力资源主要指校园足球专项经费,人力资源主要包括校园足球的教练员、师资、管理人员等。依据呈现方式划分,校园足球资源分为显性资源和隐性资源。显性资源包括校园足球物力、财力、人力资源,隐性资源包括校园足球文化理念、相关制度等。依据来源划分,校园足球资源分为政府资源、社会资源、市场资源。虽然依据不同划分标准,校园足球资源体系会有所不同,但是校园足球资源的核心体系基本不变,即校园足球供给过程中各种要素的总和基本不变。本书倾向于从综合角度来考察校园足球资源，不仅考虑校园足球的呈现方式，而且考虑组成要素、资料来源及数量，分析各类主体特点及拥有资源情况，以最大限度实现优势互补。校园足球资源动员的本质是校园足球服务平台能否获得资源、获得什么资源。

（二）校园足球资源动员能力

资源动员能力注重观察各类资源拥有主体特点，分析不同行动者的态度和行为。校园足球协同治理需要不同行动者在资源均衡配置的基础上分享裁量权。不同参与主体受拥有的资金、人力、物力、技术、知识、信息、经验等资源影响，其代表性与话语权不同。校园足球资源动员能力影响着行动者的观念与行为倾向，是行动者决定是否参与协同治理以实现公共目标的判断依据。[①] 政府部门主要掌握校园足球资源供给主导权、宏观监管权、规范权，拥有较强的校园足球资源动员能力，尤其是在足球人才培养、足球场地建设等领域优势明显。企业主要掌握自主经营权、独立发展权、微观管理权，在市场经济发展较好的区域，青少年足球培训市场成熟，教练员等培训市场资源动员能力较强。社会组织主要掌握行业规范权、自主发展权、监督权。一些足球项目社会组织发展成熟的区域，足球项目社会团体、协会、民非企业较多，广泛参与校园足球课余训练、竞赛设计等领域。校园足球协同治理是不同校园足球参与主体资源动员能力提升的过程。各参与主体的资源动员能力直接决定了校园足球协同治理的效果。

（三）校园足球资源动员方式

为让更多的成员参与校园足球供给，职能部门需要采取一定的方式和策略动员已经参加的成员和潜在成员。依据不同资源支配能力特点，资源动员方式可以分为组织化动员和社会化动员。校园足球资源具有组织化动员和社会化动员的双重性质。组织化动员是指各级职能部门依托行政主

---

① Jill M. Purdy, "A Framework for Assessing Power in Collaborative Governance Processes," *Public Administration Review*, Vol. 72, No. 3, 2012.

体、借用组织力量推动、采用行政管理手段的资源动员模式。政府部门擅长利用组织化动员方式对组织体系内的资源，通过组织内的渠道、方式和手段来实现资源功能的依存与共享，资源动员能力高效。社会化动员是不再完全借助于体制内资源，而以市场机制、文化认同、社会动员等非组织要素为主要动力的资源动员模式。社会组织及市场组织擅长利用社会化动员方式，借助市场激励机制，引导不同参与者努力追求共同利益，探索新型校园足球社会化动员机制，提升社会化动员能力。校园足球资源动员必须充分整合不同系统资源，构建"组织化＋社会化"立体交叉动员体系，引导、凝聚不同主体参与区域校园足球发展。

二 多元共治有序

（一）目标一致

校园足球协同治理需要政府、企业、社会组织之间不断协商以达成共识，形成一致的目标共同行动。中国青少年校园足球治理目标是抓好普及，立德树人。这应是各个主体参与青少年校园足球治理所期望达到的共同目标。构建和执行各参与方共同认可的目标是校园足球协同治理过程顺利推进的重要前提。多参与主体拥有不同的资源优势和利益目标，只有整合资源，共享目标才能实现整体利益的最大化。不同主体通过资源共享和优势互补，实现多主体之间互利共赢。各参与方至少拥有一个共同的目标，是不同主体协同治理的出发点。以俱乐部支持校园足球推广为例，俱乐部紧抓改革释放的红利，与中小学共建青少年校园足球训练基地。原本没有交集的两个单位在校园足球的发展上一拍即合，达成共建目标，打通青少年足球训练、校园足球、职业足球的通道，为有足球天赋的孩子们提供专业学习的空间。学校为俱乐部提供场地和生源，俱乐部为学校解决足球师资困难，二者合理整合资源，探索出一条校企合作的足球发展之路。多元利益主体之间需要在清晰界定各自的利益目标的基础上共建共享目标。共享目标的清晰度和一致度是影响校园足球协同治理效果的重要因素。

（二）分工明确

基于国外校园足球发展较好的国家及地区的经验启示，分工协作是校园足球治理的成功之道。政府、企业、社会组织、公众等通过优势互补形成"集体生产力"，创造出单一成员从事校园足球活动无法实现的效益，提升青少年校园足球整体治理功效。首先，各参与方的角色与责任应当界定清晰。分工协作需要将校园足球目标细化、标准量化、任务分解、流程细化、考核量化，同时精准决策、精准控制、精确考核。各参与方以正式的制度或规则明确政府部门的分工和运行的标准，将政府部门的责任细化，详细规定协调的组织层次、信息沟通的渠道，提升各参与方的投入度。其次，合作的理念和价值应植入校园足球运作体系之中。各级职能部门应打破不同主体各自为政甚至互相掣肘的分段监管局面，促进主体间资源优势互补及协调一致。由于区域不同，校园足球在基础条件、解决方案等方面有一定的区别，校园足球教学体系、竞赛体系、训练体系本身具有互动性，各参与方共同合作运行方式无法统一。分工协作贯穿中国青少年校园足球协同治理整个过程。

（三）权责清晰

校园足球协同治理重视政府、市场和社会共担责任。多主体之间必须明晰权责边界，通过强调青少年校园足球任务划分，遵循精细化管理原则，消除校园足球责任和义务的真空，消除校园足球管理上的漏洞，杜绝"搭便车现象"，确认不同主体的责任边界。同时，各级政府必须推进政府职能转变，适度让渡权力，使各参与主体拥有属于自己的权力和责任。企业可以提供青少年足球训练指导、赛事组织等服务，社会组织可以为各级学校、企业、公众提供信息咨询、师资培训、训练指导、赛事组织、市场调研等服务。不同主体依据各自优势发挥市场竞争机制作用，激发社会组织活力，提升各参与主体的主观能动性，引导社会力量有序参与青少年校园足球服务供给。为了实现共同的目标，各主体之间信息互换、资源共享、各司其职，实现各项校园足球事务有效推进。校园足球协同治理是政府、市场、社会之间共享资源、共担责任、提高能力的过程，各参与主体的权责清晰程度决定了治理效果。

（四）信息共享

信息共享能够增加校园足球协同治理的稳定性，应贯穿整个校园足球治理过程。信息共享有助于参与主体顺利进行资源的交换和信息的沟通，消除沟通隔阂，减少信息不对称，促进信息和资源共享，增强治理主体间协作的能动性和匹配性，增进不同治理主体间的紧密程度。青少年校园足球信息系统是校园足球治理自组织序参量的信息系统，反映不同主体能够获得的与青少年校园足球有关的教学、训练、竞赛等信息，包括特色学校建设及评估信息系统、校园足球开展情况、企业及社会组织信用信息系统、校园足球管理系统。一方面，各级政府应建立校园足球信息共享机制，定时发布有关校园足球教学、训练、竞赛、管理、市场、足球领域专家咨询数据库等的信息，促进不同信息系统间的交流与共享。另一方面，各级政府应建立信息反馈机制，通过积极构建信息反馈平台，收集不同治理主体的信息反馈，整合线上线下的校园足球资源，逐渐使校园足球服务从"点"到"面"转变，形成校园足球共享网络。校园足球发展较好的区域经验启示我们，实现校园足球信息共享，需要政策法规予以保证。校园足球信息共享和反馈机制越完善，参与主体对信息共享的内部收益与外部收益感知越明显。不同主体之间往来的经历越密切，信任程度越高，其信息共享越频繁。因此，信息共享能够促进参与主体间有效沟通，优化不同系统信息资源配置，提高不同系统信息资源利用率，拓展校园足球领域的时空边界。

（五）平等协商

平等协商是促进多元共治的重要手段。不同主体应积极推进平等协商，切实维护校园足球参与各方的合法权益，促进多元共治关系的稳定。首先，平等协商主张多元参与主体的平等性。各参与主体要彼此尊重，遇到困惑或分歧时，强调同级机构之间的自发协调，在充分考虑公共利益和自身利益的基础上，通过公开、公平、公正的理性指导、价值沟通、制度安排和策略选择等公共活动来达成共识。诸如教育部门与体育部门之间存在相互依赖和掣肘，需要建立平等对话与谈判的协商机制。在校园足球教学体系、竞赛体系、训练体系等方面要让各方参与并充分表达意见，突出目标管理，树立共同价值愿景，加强部际沟通，避免部门利益局部化。其次，平等协商要认真听取各参与方的意见和要求。不同主体应从实际情况出发，通过协商解决多元共治关系的热点和难点问题。以校园足球政策制定为例，其中平等协商是制定政策设计方案的新方式。校园足球政策设计，需要尊重多主体的利益表达，重视政府、企业、社会组织的伙伴关系，开展多主体合作性项目，创造合作价值理念。校园足球政策制定是一个协商与协调过程，最高目标是将不同政策建议演进融合为一项共识。英国校园足球治理主体之间具有高度的依赖性，其在英格兰足球协会下成立英格兰学校足球协会，利用专业协会的优势支持，与教育部等各部委合作，帮助其他协同主体有序参与英国校园足球竞赛等关键领域。不同主体通过平等协商的方式，建立沟通、协调机制，及时反馈校园足球发展的进程和效果，推进公共目标的实现，提升校园足球协同治理效果。

（六） 监督评价

监督评价是保障校园足球协同治理有序进行的重要手段。首先，建立科学的监督制度。各级政府发挥政府的主导作用，运用法律、法规、政策等方法，根据校园足球实际活动展开调研，对校园足球政策进行科学论证，对校园足球实际开展情况进行监测，建立校园足球科学发展决策机制，对整个协同网络及各参与主体的行为进行总体监督评价。各级教育行政部门逐渐关注青少年校园足球特色学校、试点县（区）、改革试验区、"满天星"训练营的督察工作，诸如青少年校园足球特色学校评估检查工作，其是监督区域校园足球活动开展的重要途径。其次，制定多样化的评价标准。各级政府通过制定青少年校园足球特色学校、试点县（区）、改革试验区建设标准，校园足球培训质量标准，校园足球教学评价标准，足球场地建设标准，强化绩效监管，通过量化指标对校园足球管理的规范性进行评价。再次，强化绩效监管。以绩效契约作为连接媒介的管理结构和工具，使参与主体得到与之贡献相一致的协调收益，确保对履职尽责的主体给予激励，对履行不积极难以有效完成协调目标的主体实施问责，督促改正，激发多主体协同行动的原动力。① 最后，形成多元评价主体。各级政府不仅要有部门评价和公众监督，还要引入第三方独立评价，形成多主体相互监督的约束机制。各主体掌握的资源各不相同，在参与校园足球服务供给数量与质量、项目遴选、资金管理、检查验收等环节需要监督与考核。监督评价有利于降低青少年校园足球服务的漏洞风险，提高评价结果反馈过程中的透明性，调动各主体参与校园足球治理的积极性，以期提升协同治理效果。

三　利益分配合理

利益分配是校园足球协同体系长久运行的重要保障。发展校园足球既是普及足球运动的奠基工程，也是青少年身心健康发展的重要媒介，应当得到社会各界人士的大力支持。随着校园足球参与主体增多，各参与主体的自身利益必须得到关注。由于各参与主体自身利益需求不一致，为提升协同治理效果，不同主体必须认真协调校园足球利益相关者的诉求与关系，这是校园足球协同治理必须解决的问题。由此，多主体之间在利益博弈基础上实现了各自的准确定位。

(一) 利益诉求

青少年校园足球是基础教育的重要组成部分，具有普惠性本质，这决定了政府追求青少年校园足球供给的公平和效率。各级政府依据部门、职责需要，拥有不同资源配置权力，坚持理性和效率的价值取向，承担着校园足球必要的师资、财政、硬件等供给服务（见图 4-10）。为青少年提供优质的校园足球服务，以保障校园足球治理的公共性，拓展校园足球政策利益的受益面，获得广大公众的社会认可，是政府的主要利益诉求。企业是市场组织的主要代表，市场组织的交易行为能够促进合作行为的产生。在大力发展体育产业及公众对足球锻炼需求提高的背景下，足球类市场组织拥有较大的市场空间。校园足球教育资源存在区域间、学校间的不均衡发展，各级政府利用购买服务制度，鼓励市场主体提供相关专业服务。参与公共事业、追求利润最大化、追求自身发展等是企业的主要利益诉求。

---

① 蒋敏娟：《中国政府跨部门协同机制研究》，北京大学出版社，2016，第248页。

服务沟通是社会组织在青少年校园足球协同治理中的重要作用。社会组织成长需要时间的积淀和经费的长期投入，社会组织在提供校园足球服务时也有自身发展、社会资源共享、社会认可等方面的诉求。青少年是校园足球服务的核心受益者，其主要目的是通过足球学习提高自己各方面的能力和素质，获得各种荣誉，部分青少年可以通过校园足球人才晋升通道，获得教育资源上的优势。

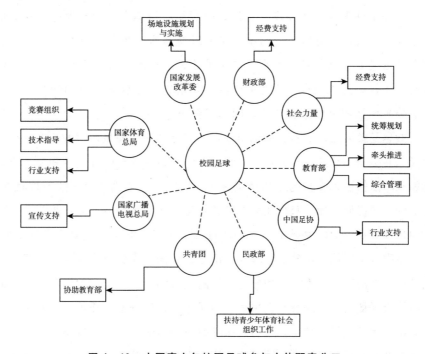

图4-10　中国青少年校园足球参与主体职责分工

　　政府、企业、社会组织、公众，由于所处位置、拥有的信息和资源不同，其利益分配方式也不同。政府运用财政、金融等手段平衡各主体间的利益关系，整合与协调各主体的资源，完善社会资本投入的税收优惠、社会捐赠、政府购买等政策，注重财务和税收优惠等间接调控手段在校园足球中的应用。国际上对于捐赠有减免、抵免、受益方案和指定方案等税收优惠政策，为鼓励企业、社会组织甚至个人参与到校园足球发展的公益捐赠中，各级主体利用政策法规，规范和约束不同主体在青少年校园足球治理中的合作行为，防止其逃避应承担的责任，尤其是健全市场、社会组织发展政策，完善市场、社会组织监督法规，对财产管理、社会监督、审计监督、违规处罚等建立市场和社会组织升级管理制度，制定多层级评估办法和标准，有利于合理分配不同主体的利益。利益分配制度为不同主体方勾画出共同努力的前景。

（二）分配原则

科学合理的利益分配系统必须有效发挥自身能力，落实责任机制，满足对校园足球服务有积极贡献的参与成员的利益诉求，同时促进利益相关方对校园足球事业的持续投入。各级职能部门依据利益分配原则，建立更多主体参与校园足球服务的激励机制和维持自身发展的保障机制。校园足球利益分配要遵循共赢、公平、透明等原则。校园足球任务作为一个整体活动系统，各主体间存在相互关联的工作内容，需要各主体间的合作，共赢、公平、透明有助于参与主体间达成合作。

共赢是校园足球利益分配的出发点，它能够使校园足球事业长久、稳定发展。共赢原则是指在校园足球协作过程中，维持各自的独立性和充分意识到相互的依赖性，多参与主体达成共识，形成一个清晰、统一的治理目标，保证创造的价值增加，获得相应的利益补偿，产生阶段性协同成果。公平是校园足球利益分配的基础，必须保证每一个协同方都可以获得公平的待遇。公平原则从发展校园足球的整体利益出发，根据兼顾各方利益原则，避免损失其他伙伴的利益，充分考虑参与主体的投入和产出，着力健全参与主体的风险及责任评估，有序展开诉求表达与保障，合理分配合作盈余，实现校园足球协同治理效果的稳定。透明是保障参与主体间互信的重要举措。透明原则是指各参与成员对所有校园足球政策法规和措施及时公开，尤其主体在利益分配过程中及时披露利益分配方案等信息，以便各级政府、市场、社会组织等相关者了解和熟悉，避免因信息沟通问题引发矛盾冲突。同时透明原则也要求参与成员对所实施的校园足球措施和程序向社会公开。

第四节　本章小结

本章在回顾中国青少年校园足球发展历程、明确中国校园足球治理现状、借鉴国外校园足球治理经验的基础上，分析了中国青少年校园足球协同治理框架。

第一，分析青少年校园足球协同治理概念框架。充分发挥校园足球在构建中国学校教育体系中的立德树人作用。学校体育是青少年体育学习的主场域，它拓展了青少年体育学习的时空，同时保障了体育学习权益。校园足球具有培养青少年良好意志品质、强身健体、提升足球运动技能的功能，架起了普及足球运动和提高足球运动水平的桥梁，实现了青少年学习、生活的高度融合。青少年校园足球既是基础教育的重要组成部分，也是公共服务的一部分。现阶段中国青少年校园足球治理理念逐步实现从"行政管理"向"公共治理"转变，参与主体逐步实现从"单一主体"向"多元主体"转变，运行机制逐步实现从"任务驱动"向"需求导向"转变，从"各自为政"向"利益契合"推进。因此校园足球协同治理需要政府主导多元主体协同供给。

第二，提出中国青少年校园足球协同治理主体架构。首先，部门协同即横向职能部门分工协作，以并联式协同方式，建立整合性的结构体系。其次，内外协同即横向其他主体共同参与，以混合式协同方式，关注政府与社会合作。再次，府际协同即纵向行政层级上下联动，以串联式协同方式，发挥各级政府力量。最后，治理服务平台承上启下，通过建设青少年校园足球特色学校，扩大校园足球试点县（区）、改革试验区的治理自主权，建立校园足球"满天星"训练营平台，充分发挥枢纽作用。

第三，提出中国青少年校园足球协同治理运行机制。首先，资源动员有力，不同参与主体需要发挥政府、市场和社会各自的资源禀赋和能力优势，通过行政、市场等正式机制来维护，构建"组织化动员＋社会化动员"立体交叉动员体系。其次，多元共治有序，通过集体行动共同承担校园足球多项任务，包括利益相关者的设定目标、责任分担、分工协作、信息共享、平等协商、监督评价等，使多元主体建立合法性与信任，加强不同主体之间沟通协调、配合协作、民主协商，进而达成共识。最后，利益分配合理，客观分析各参与主体对校园足球发展的积极贡献，遵循共赢、公平、透明等原则，通过表达机制、权益保障机制、利益协调机制、矛盾调处机制等，共同分担发展校园足球责任。

第五章
中国区域青少年校园足球协同治理实践
——以北京市为例

北京市率先提出完善政府负责、社会协同、公众参与的校园足球协同治理格局，在推进校园足球政策落实、营造校园足球文化氛围、发挥校园足球育人功能等方面开展了卓有成效的工作，在全国具有较强的示范性。笔者和课题组长期关注、参与北京市校园足球治理框架设计，发现其与本书提出的校园足球协同治理框架高度吻合，故以北京市校园足球治理实践为案例，研究中国区域青少年校园足球协同治理情况。本章运用社会网络分析法、调查法、数据统计法等，分析北京市青少年校园足球协同治理主体架构现状和特点，着重分析资源动员、多元共治、利益分配三大运行机制在实践中的具体做法，验证校园足球协同治理框架的可操作性，探索性地提出影响校园足球协同治理效果的因素，从而为中国青少年校园足球协同治理提供理论基础和实践经验。

第一节　数据来源与研究方法

第一，2016～2019 年，笔者积极参与教育部和北京市的"我国校园足球特色学校管理机制研究""京津冀一体化背景下校园足球发展""北京市校园足球现状与推进策略研究"等课题项目，全面深入调查了中国及北京市青少年校园足球活动的开展现状，研究了中国及北京市青少年校园足球课程、人力、物力等综合资源情况，为中国及区域青少年校园足球的政府决策提供理论依据和数据支撑。

第二，2016～2019 年，笔者有幸接触北京市校园足球协会的工作，参与北京市青少年校园足球发展顶层设计，从而获得了一些与青少年校园足球相关的资料。首先，笔者参与撰写北京市青少年校园足球发展规划，参加校园足球教学、训练、竞赛、保障等方面的协调会和推进会，由此得以熟悉北京市青少年校园足球发展的顶层设计。此外，笔者参与了北京市青少年校园足球竞赛规划设计、筹备与组织过程及竞赛沟通会议，了解了北京市青少年校园足球竞赛体系运行机制。其次，笔者追踪了 2017 年和 2018 年两届北京市校园足球文化节，参观了北京市青少年校园足球作品展示，由此得以了解北京市青少年校园足球教学、竞赛、培训、文化传播活动等方面的现状，以及北京市青少年校园足球普及程度。

第三，本书设计了"北京市青少年校园足球特色学校建设调查问卷"，笔者利用长期参加北京市校园足球特色学校评估检查工作的机会，对北京市校园足球特色学校足球建设情况和协同治理效果进行调研。笔者利用参与 2017 年 6 月 10 日全国校园足球特色学校评审的机会进行第一轮调查，结合专家意见及调查中发现的问题，对问卷做出调整和补充。之后，笔者利用参与 2018 年 1 月 5 日北京市海淀区校园足球实验学校评审的机会进行第二轮调查，结合专家对问卷结构和内容的指导，形成正式问卷。随后，笔者利用参与 2018 年 7 月 4 日北京市校园足球特色学校遴选的机会，请 16 名参会专家进行效度检验，结果显示问卷第一部分的内容效度为 0.87。2018 年 12 月，笔者对 20 所海淀区青少年校园足球特色学校的负责人进行间隔两周的重测信度检验，结果显示适宜做信度检验的单选题项的相关系数 $r > 0.82$。说明问卷第一部分具有较高的信度和效度。问卷第二部分为北京市青少年校园足球协同治理概况量表，其整体的克隆巴赫 Alpha 为 0.974（见表 5 - 1），说明此量表具有良好的信度。通过 KMO 和巴特利特球形检验，KMO 取样适切性量数大于 0.5，巴特利特球形检验显著性小于 0.05（见表 5 - 2），说明此量表具有良好的结构效度。2019 年 3 月 16 日，笔者利用参加北京市青少年校园足球工作推进会机会，在各区教委及学校的密切配合下，按照一个区 5 所足球特色学校，其中小学 2 所、初中 2 所、高中 1 所的原则，对北京市 16 个区共 80 所足球特色学校（2015 年至 2018

年教育部和市教委批准的 75 所全国青少年校园足球特色学校和 5 所北京市
青少年校园足球特色学校）进行了问卷调研。此次调研采取现场问卷发放
形式，共发放问卷 80 份，回收问卷 80 份，回收率为 100%，其中有效问
卷 76 份，有效率为 95%。

表 5 - 1　量表克隆巴赫

整个量表的克隆 巴赫 Alpha	资源动员的克隆 巴赫 Alpha	多元共治的克隆 巴赫 Alpha	利益分配的克隆 巴赫 Alpha
.974	.971	.971	.888

表 5 - 2　KMO 和巴特利特球形检验

KMO 取样适切性量数		.959
巴特利特球形检验	近似卡方	2028.150
	自由度	105
	显著性	.000

　　第四，笔者观察北京市推动校园足球参与主体互访和业务交流的情况。
为了更深刻剖析北京校园足球发展经验，本书以 2017 年 1 月至 2019 年 3 月
为数据采集时间范围，以各级部门及组织参与北京市青少年校园足球治理的
频度和效度为标准，分别对各个类别的参与主体进行了调查，以获取研究所
需数据。分析样本如下：市教委（sj）、区教委（qj）、市发展改革委（sf）、
区发展改革委（qf）、市体育局（st）、区体育局（qt）、市财政局（sc）、区
财政局（qc）、首都体育学院（std）、北京体育大学（btd）、北京师范大学
（bsd）、中小学（zxx）、市校足协（sxz）、市足协（szx）、区足协（qzx）、市
共青团（st）、区共青团（qt）、北京学生活动管理中心（xg）、企业（qy）、
俱乐部（jb）、北京教育科学研究院（bjk）。为明确北京市青少年校园足球
参与主体之间的互动关系，本书将涉及北京市市级青少年校园足球协同治理
的主体分为五大类：政府、企业、社会组织、高校、中小学。笔者通过中国
政府采购网、中国采购与招标网、北京市教委网站、各区教委网站等查询校
园足球相关项目以及活动的参与情况，利用实地考察调研等方法，获得北京
市青少年校园足球协同治理网络构建所需数据。笔者对参与主体进行命名和
编码，在编码的基础上，使用二分法形成北京市青少年校园足球参与组织的

关系矩阵（见表 5 - 3），进而将关系矩阵数据输入 Ucinet 6 软件，对北京市青少年校园足球协同治理网络的凝聚子群进行分析。本研究利用 Netdraw 软件，依据中心度大小显示不同节点参与和互动情况的原则，选取中心度（Degree）和中介度（Betweenness）两个指标对北京市青少年校园足球协同治理网络的个体属性进行分析；选取 K-核（K-core）及接近度（Closeness）两个指标对北京市青少年校园足球协同治理网络的整体凝聚性和连通性等属性进行分析。此外，本节还采用 Netdraw 绘制了北京市青少年校园足球多个主体之间的协同网络，并对网络特征与分布格局进行刻画。

表 5 - 3 北京市青少年校园足球参与组织的关系矩阵

	sj	qj	sf	qf	st	qt	sc	qc	std	btd	bsd	zxx	sxz	szx	qzx	st	qt	xg	qy	jb	bjk
sj	0	25	6	3	8	2	6	3	10	2	2	27	18	6	3	8	2	6	20	8	18
qj	25	0	2	3	0	5	2	3	8	3	1	26	13	4	2	3	6	5	10	8	10
sf	6	2	0	10	6	2	3	0	0	0	0	6	0	6	0	1	0	1	8	1	0
qf	3	3	10	0	2	0	2	0	2	0	0	2	0	0	0	0	1	2	1	1	0
st	8	0	6	0	0	6	6	0	0	2	0	6	3	8	0	3	0	1	2	10	0
qt	2	5	2	2	6	0	3	3	3	1	4	3	1	3	1	3	1	3	4	1	1
sc	6	2	3	0	6	0	0	10	0	0	0	6	3	0	0	0	0	4	8	6	3
qc	3	3	0	2	0	3	10	0	0	0	0	10	0	0	0	0	0	0	0	2	1
std	10	8	0	0	0	3	0	0	0	3	3	15	10	5	2	2	6	8	8	9	9
btd	2	3	0	0	3	0	0	3	0	0	1	3	2	1	1	0	2	3	2	1	1
bsd	2	1	0	0	0	1	0	0	3	1	0	3	1	0	0	0	0	1	2	1	2
zxx	27	26	6	2	6	4	6	10	15	3	3	0	18	6	3	12	12	10	6	15	15
sxz	18	13	0	0	3	3	3	0	10	2	1	18	0	3	2	10	5	6	12	6	10
szx	6	4	6	0	8	1	3	0	5	3	1	6	3	0	0	8	2	1	3	4	0
qzx	3	2	0	0	0	3	0	0	3	1	0	3	2	0	0	2	0	2	3	3	3
st	8	3	1	0	3	1	0	0	2	1	0	12	1	2	0	0	12	8	3	3	3
qt	2	6	0	0	0	3	0	0	3	2	0	3	2	0	2	12	0	3	3	3	1
xg	6	5	1	1	1	0	4	0	6	2	1	10	4	2	0	8	3	0	3	2	2
qy	20	10	8	2	2	3	8	0	8	3	2	6	12	3	2	3	3	3	0	6	2
jb	8	8	1	1	10	4	6	0	8	2	1	15	6	4	0	3	3	2	6	0	1
bjk	18	10	0	0	0	1	3	0	9	1	2	15	10	0	3	3	1	2	2	1	0

第五，2016~2019年，笔者利用参加北京市海淀区校园足球实验学校评审、北京市校园足球特色学校遴选等机会，访谈了北京市校园足球领域的管理人员、研究人员，同时访谈了康庄中心小学、旧县中心小学、八里庄中心小学、北大附小、清华附小、清华附中、北京十一学校、五一小学、北京海淀区进修附小、二十中、北京石油学院附属实验小学、北京石油学院附属第二实验小学、北京科技大学附属小学、中关村第一小学等学校分管校园足球的负责人及学生（每个学校6人），了解了特色学校足球软硬件建设、教学训练等情况，获取了北京市青少年校园足球协同治理现状信息。

第二节　北京市青少年校园足球协同治理总体概况

北京市青少年校园足球发展走在了全国前列，尤其在推进校园足球政策落实、营造校园足球文化氛围、发挥校园足球育人功能等方面开展了卓有成效的工作。一方面，北京市拥有良好的足球文化传统，校园足球起步较早、起点较高，在此基础上北京市青少年校园足球教学、训练、竞赛、保障等方面的建设也在逐渐完善。另一方面，北京市不断健全青少年校园足球运行机制，创新校园足球治理机制，聚集资金、人才、信息等资源优势（其中政府财政经费支持力度较大），同时积极引入社会力量，初步实现了足球资源的共享共用。新时期，北京市青少年校园足球发展迎来了重大契机，本书选取北京市青少年校园足球治理为调研对象，具有典型性，能够在一定程度上反映中国区域青少年校园足球治理现状。

一　总体介绍

2008年，针对北京市中小学生体质健康状况下滑情况，北京市教委出台了一系列关于加强青少年体质的指导性文件，如《中共北京市委北京市人民政府关于加强青少年体育增强青少年体质的实施意见》（京发〔2008〕6号文件），强调要确保学生每天进行一个小时的体育锻炼，重视课外体育活动计划。然而面对青少年学生视力下降、肥胖检出率居高不下、青少年多项体质指标下降等挑战，2013年，市教委等部门又制定了《北京市推进中小学校体育工作三年行动计划（2013—2015 年）》，实施师资队伍配备与提高、学生体质健康监测与干预、体育场馆设施共享与建设、体育工作督导与评估四项工程，完善学校、家庭、社会多方参与的青少年体育与健康联动机制，促进全社会关注青少年体质健康问题。足球运动具有一定的育人功能，尤其能够提升青少年身心健康和团队合作、社会适应能力。2009年，在教育部启动校园足球工程之后，北京市体委协同其他部门率先开展区域校园足球工作。政府广泛投入是北京市青少年校园足球治理的主要特点，北京市用于校园足球领域的财政预算和支出逐年增长。

校园足球发展红利政策的陆续出台，引发了社会力量参与校园足球治理的热潮。青少年足球培训市场及其周边产业出现新的机会，从足球普及兴趣课程到精英训练、从师资培训到机构管理培训、从传统足球硬件到智能足球设备，以及服务赛事机构等领域都涌入了资本和创业者。此外，北京市足球项目社会组织数量逐年增长，目前在北京市民政部正式登记的有37 个，16 个市辖区均有足球项目社会组织，超过一半的市辖区拥有 2 个及2 个以上的足球项目社会组织，它们的主管单位为各区体育局。市级足球类社团和民非企业比例较大，它们的主管单位主要是北京市体育局。从成立时间上看，超过一半的北京市足球项目社会组织集中在 2014 年以后成立，这可能与发展足球及校园足球的大背景有关。总体上，北京市足球及校园足球发展领域的社会组织较多，这些组织与主管单位关系密切，拥有校园足球所需丰富的专业资源。积极踊跃的社会力量为创新北京市青少年校园足球协同治理主体设计奠定了坚实的基础。

二 发展历程

北京市体育局为了促进北京足球运动的发展，联合教育部门和共青团组织，指导北京市中小学开展足球活动，设立足球传统学校。截至1982 年，北京市确定了 89 所足球传统学校，奠定了北京市学校足球运动发展的基础。自 2009 年中国青少年校园足球工程全面启动以来，北京市青少年校园足球的发展主要经历体育部门主导和教育部门主导两个阶段，北京市青少年校园足球管理依然是以政府为主导。2009～2014 年，北京市体育局牵头多部门推进青少年校园足球工作，通过建设足球传统学校、试点县（区）等，在多方面加大校园足球投入。其中在各区县体育局、教委的大力支持下，参加北京市校园足球联赛的学校数量由最初的 92 所发展到 2014 年的 274 所，组别逐年细化，参与学校逐年增多，参与赛区逐年增多，赛制逐渐向双循环和交叉淘汰发展，此外，北京市开始组织小学、初中、高中足球联赛，建立起体教结合的青少年足球人才培养体系。① 为深入贯彻落实《关于加强足球篮球排球项目工作的意见》，2013 年，北京市体育局、市教委、市财政局等联合制定了《关于加强"三大球"项目布局基层网点校建设的实施办法》，推动北京区域内足球项目布局均衡、优质发展。② 这个阶段北京市在青少年校园足球竞赛、师资培训方面已经开始形成一定基础。

2016 年，北京市教委牵头多部门，根据北京特点，构建了北京市青少年校园足球"1346"战略布局（见图 5 - 1），建立了较为完善的青少年校园足球治理网络，坚持以政府为主导，开发校园足球资源、推进校园足球文化建设、发挥校园足球育人功能。③ 2015 年以来，北京市及各区纷纷出台市级及区域青少年校园足球五年或三年行动计划，甚至很多区域已经出

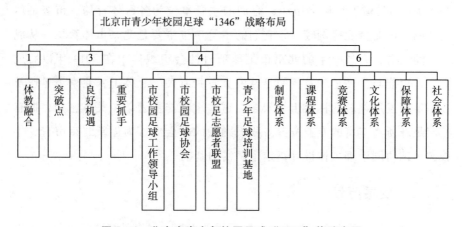

图 5 - 1　北京市青少年校园足球"1346"战略布局

① 王天雪：《北京市足球运动管理中心承办北京市青少年校园足球联赛》，载刘兴忠主编《北京体育年鉴》，人民体育出版社，2014，第 112 页。

② 北京市体育局等：《关于加强"三大球"项目布局基层网点校建设的实施办法》，京体青字〔2013〕11 号，2013 - 7 - 22。

③ 北京市教育委员会等：《关于加快发展北京市青少年校园足球工作的实施意见（2016—2020 年）》，京教函〔2016〕17 号，2016 - 10 - 14。

台第二个青少年校园足球三年行动计划。如海淀区于 2015 年 11 月出台了
《海淀区中小学校园足球三年行动计划（2015—2018 年）》，2018 年又出台了
新的海淀区中小学校园足球三年行动计划。北京市 90% 以上的校园足球特色
学校能够积极落实上级的政策，制定学校校园足球年度发展规划。北京市及
各区教委联合多部门在校园足球教学管理、课余训练、竞赛体系、师资培
训、足球场地等方面出台相关保障制度，如北京市出台了足球场地设施建设
五年规划。调研发现，北京市大部分校园足球特色学校能够制定相应的课余
训练、竞赛组织、运动安全防范措施等制度。调研中也发现，部分学校尽管
组织机构和制度相对健全，但具体工作开展和制度落实还存在不足之处。

三 宏观体制

从宏观体制来看，北京市职能部门在市级范围内以北京市青少年校园
足球工作领导小组和办公室为载体，构建了国家级、市级、区级、校级四
级政府管理体系，形成了覆盖全市的青少年校园足球治理网络。北京市是
中国青少年校园足球推广较早、开展较好的城市。

市级方面，在全国青少年校园足球工作领导小组和办公室的统筹领导
下，北京市政府较早联合教育部门、体育部门、发展改革部门、财政部
门、宣传部门、共青团组织成立北京市青少年校园足球工作领导小组，在
市教委下设青少年校园足球工作领导小组和办公室，统筹市级青少年校园
足球教学、竞赛、训练等各项工作。

区级方面，各区政府联合各区教委牵头有关部门成立区属青少年校园
足球工作领导小组和办公室，贯彻执行国家有关校园足球政策，负责区县
校园足球教学、训练、竞赛、师资培训、场地建设等工作推进。以海淀区
为例，其成立了以教委主任为组长的海淀区青少年校园足球工作领导小
组，全面统筹和制定海淀区校园足球顶层设计和发展规划。

校级方面，各级校园足球特色学校成立校级青少年校园足球工作领导
小组。笔者在调研中发现，各级特色学校都成立了青少年校园足球工作领
导小组，主要由校长负责，副校长、体育组长、共青团、少先队、学校医
务室、安保、财务处等其他人员和部门共同参与，领导小组成员各有分
工。多数学校能够积极落实上级的政策，将校园足球纳入学校发展规划，

制订校园足球年度计划，在教学管理、课余训练和竞赛、运动安全防范等方面建立完善的规章制度。

因此，在北京市青少年校园足球治理网络中，国家、市、区政府是主导者，各级特色学校是重要参与者。北京各级青少年校园足球工作领导小组实施部门分工负责制，通过明确任务书、路线图、时间表、责任人等协调各成员单位推进校园足球发展。在各级青少年校园足球工作领导小组和办公室的统筹下，各成员单位整合不同资源优势，健全校园足球领导和组织机构，完善校园足球工作机制，稳步促进了北京市校园足球的发展，保障了校园足球发展政策的畅通和强有力的执行。

四　治理体系

（一）北京市校园足球教学体系现状

教学体系是北京市校园足球治理体系中较为薄弱的部分，具有很大的提升空间。[①] 调研中发现，各校基本能够保障校园足球活动时间，小学、初中学校每周每班开设 1 节足球课，高中学校开设足球选修课，形成了北京市校园足球教学体系。很多特色学校为了增加学生接触足球机会，将足球活动安排到大课间操练中，参与人数明显增多，普及效果显著。

（二）北京市校园足球竞赛体系现状

北京市校园足球竞赛体系兼顾普及与提高，其以足球竞赛水平提升为主要目标，已构建校级、区级、市级三级竞赛模式，形成"校内有比赛、校际有联赛、市级有选拔"的校园足球竞赛活动新格局。北京市教育局、体育局联合市足协、市校足协不断完善校园足球赛事设计。北京市推广开展全体青少年学生广泛参与的普及性足球比赛。班级联赛已经实现校级、区级、市级一体化设计，其落实程度直接划入北京市青少年校园足球特色学校建设评价指标体系。小学开展 5 人制或 8 人制、初中开展 8 人制或 11 人制、高中开展 11 人制班级联赛。马约翰杯班级校园足球联赛已成为清华

[①] 北京市校园足球协会：《北京市校园足球发展报告》，北京市教育委员会，2019。

附小的传统特色项目，撬动学校整体的体育工作和学校的教育教学工作。2018 年，各级特色学校共组织班级联赛 101 场，参加人数 527 人，其中男生 345 人，女生 182 人。北京市校园足球竞赛体系如图 5 - 2 所示。

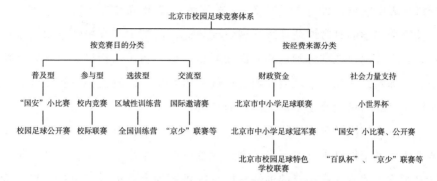

图 5 - 2 北京市校园足球竞赛体系

区域性训练营有冬令营、夏令营、"满天星"训练营等。三者已经完成了学区级、区级、市级、国家级等不同层级训练营的框架搭建。校级代表队与俱乐部混编参加小世界杯，学校足球队参与"京少"联赛，这一赛事设计与全国"青超"联赛实现对接。北京市中小学足球联赛、北京市中小学足球冠军赛、北京市校园足球特色学校联赛等三级联赛贯穿北京市中小学，是北京市级别最高、规模最大的校园足球年度传统赛事。各级特色学校积极参加不同层级足球竞赛，2018 年，平均参加区以上比赛 30.2 场，校际比赛 35.7 场。高中学校校园足球联赛的开展情况明显不如初中和小学。北京市校园足球赛事体系逐渐完善，得益于政府主导推广，同时广泛吸纳社会力量共推校园足球赛事发展，如每年定期开展"梦想杯"北京市校园足球公开赛、"国安"小比赛。[①]

（三）北京市校园足球训练体系现状

训练体系是北京市校园足球治理体系的重要组成部分，涉及足球社团及代表情况、训练情况、文化成绩和人才输送情况等。调研发现，北京校园足球市级、区级、校级课余训练开展较好，大部分特色学校在训练相关

---

① 骆秉全、庞博：《北京市校园足球竞赛体系运行现状研究》，《首都体育学院学报》2019 年第 2 期。

工作内容上比较扎实。各级特色学校基本都能达到"年级有代表队,学校有校队"的目标,以足球社团和代表队为主要形式组织课余训练。特色学校有年级代表队 8.5 个,校代表队 3.1 个,社团和兴趣小组 5.3 个。多数校级代表队能够保证每周进行 3～4 次训练。12 年和 9 年一贯制学校、小学及完全中学的日常课余训练开展情况较好,而初中与高中学校由于学训矛盾较为普遍,在训练和竞赛方面相对差一些。各区域积极组织校园足球精英训练营,关注本区域内校园足球优秀人才培养。特色学校积极开展课余训练是北京市校园足球治理体系的亮点之一。

北京市校园足球训练体系建设还存在一些问题。其一,北京市校园足球训练体系中性别上存在明显失衡,大部分学校都没有女子代表队。学校培养优秀人才进入高一级的训练队或是提供更为专业的训练也是以男生为主,女生几乎没有。其二,学训矛盾。目前初高中学生的学训矛盾较为普遍,足球专项教师希望校队成员分出足够的足球训练与比赛时间,而家长和班主任则希望学生以升学考试为主,将更多的时间用在学习上。其三,参训队员文化成绩和人才输送情况相对较弱。在文化成绩方面,多数学校对足球代表队运动员有具体的文化学习要求,提出学校足球代表队运动员的文化学习成绩应达到同年级学生的平均水平。但也有一些学校并没有对学校足球代表队运动员的学习成绩做出明确要求,也没有详细的学习计划做保障。值得肯定的是一些学校足球代表队的队员同时也是班级的班委,起到了很好的表率作用。在人才输送方面,特色学校平均向上一级学校输送人才 7.4 人,但各学校间差异较大。①

第三节　北京市青少年校园足球协同治理主体架构概况

本书采用 Netdraw 绘制的北京市青少年校园足球协同网络(见图 5-3),发现北京市青少年校园足球协同网络特征如下:企业、俱乐部、市校足协、市足协等在北京市青少年校园足球协同网络中属于比较活跃的个体。北

---

① 北京市校园足球协会:《北京市校园足球发展报告》,北京市教育委员会,2019。

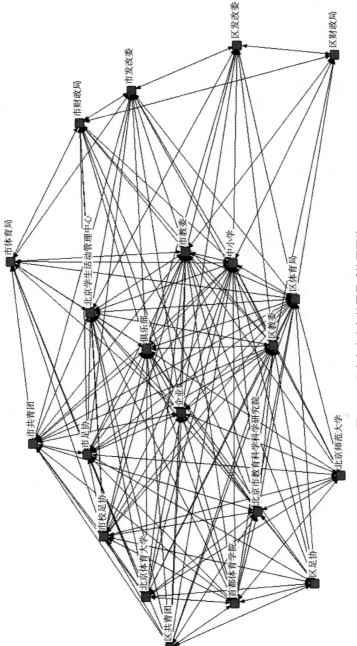

图 5 - 3 北京市青少年校园足球协同网络

京市青少年校园足球协同网络的同级职能部门成员之间互动频次较多，合作关系紧密。北京市青少年校园足球发展较快，得益于上下联动的校园足球协同网络。

一　部门协同

北京市青少年校园足球发展较快，得益于率先建立了市级校园足球工作领导小组。在市级部门的示范下，区级、校级部门都成立了校园足球工作领导小组。校园足球工作领导小组围绕校园足球诸多任务，统筹协调多个部门，实现各部门优势互补，有效对接横向职能部门对校园足球诸多事项的相应管理责权。

在个体属性上，中介度、中心度都可以反映不同行动者之间的关系。从表5-4中可以发现，市教委中介度、中心度、K-核以及接近度数值较高，说明市教委与其他行动者有较多的联系，互动频繁，是北京市校园足球资源和信息传递交流的核心节点。与市教委等同级职能部门相比，市财政局、市共青团的中介度处于第二层次水平，市体育局、市发展改革委中介度更低。这与校园足球职能部门由教育系统主导有着直接关系。北京市体育部门与教育部门行动者之间所形成的联动，尚未达到体育部门和教育部门突破自身固有边界的超越阶段。区级职能部门仍呈现以区教委为核心，其他部门辅助的态势。从整体网络属性来看，市教委、市共青团等同级职能部门之间离散点较少，部门之间的协同关系较紧密，说明整个网络信息交流较通畅。从K-核来看，北京市青少年校园足球协同网络的同级职能部门成员之间互动频次较多，合作关系紧密，校园足球信息、资源突破时间、空间限制呈现互动态势，对校园足球协同活动的进行产生有利影响。这与北京市加强政府部门职能整合发展校园足球有关。同级部门间工作目标与内容在某些方面具有一致性、匹配性，这为部门间优势互补、整合资源创造了有利条件。

表5-4　北京市青少年校园足球协同网络属性分析

	中介度	中心度	K-核	接近度
市教委	9.090	21	12	100
中小学	9.090	21	12	100

续表

	中介度	中心度	K-核	接近度
区教委	7.900	20	12	95.455
区体育局	6.425	19	12	91.304
企 业	5.823	20	12	95.455
俱乐部	4.236	19	12	91.304
北京学生活动管理中心	3.419	18	12	87.500
市校足协	3.073	18	12	87.500
市财政局	2.996	13	11	72.414
市足协	2.417	17	12	84.000
市共青团	2.233	16	12	80.769
首都体育学院	1.573	16	12	80.769
北京教育科学研究院	1.205	15	12	77.778
北京体育大学	0.921	15	12	77.778
市发展改革委	0.768	12	11	70.000
北京师范大学	0.761	13	12	72.414
区发展改革委	0.667	9	8	63.636
市体育局	0.458	12	11	70.000
区共青团	0.233	13	12	72.414
区财政局	0.208	6	6	58.333
区足协	0.144	12	12	70.000

北京市青少年校园足球职能部门间追求综合协调和互动配合，建立了多方认可并共同遵守的规则。北京市各级青少年校园足球工作领导小组定期召开部际联席会议，及时沟通交流和协商校园足球竞赛及青训体系设计、师资队伍建设及培训等任务。北京市部门协同追求跨部门合作，市教委、市体育局提出了体教融合理念，联合出台多项人才培养、竞赛管理等方面的政策，诸如校园足球运动员等级水平认证、一体化赛事活动体系建设等，它们均是通过部门协同促进校园足球发展的重要举措。各级主体不断拓宽信息沟通渠道，借助信息技术平台，建立校园足球沟通交流机制，实现信息共享和资源支持，诸如通过使用北京市青少年校园足球赛事一卡通，实现了科学、高效、一体化的竞赛注册管理、参赛认证等工作。

二 内外协同

内外协同强调横向其他主体的共同参与，关注政府、社会合作，其行动主体是政府与社会，表现为教育、体育等政府部门与企业、俱乐部、行业组织等之间的互动过程。从网络密度分析，Density（matrix average）= 0.7229，说明北京市青少年校园足球协同网络关系凝聚力不错。从中心度和中介度数据上看，企业、俱乐部、市校足协、市足协等在北京市青少年校园足球协同网络中都属于比较活跃的个体。市教委与市校足协、市足协协同度也较高，是比较活跃的行动者。从网络属性数据上看，企业、俱乐部、市校足协、市足协等在北京市青少年校园足球协同网络中互动密切，与政府职能部门信息交流较畅通。这与北京市政府简政放权推进青少年足球市场的放活和社会的共治有关。北京市积极探索构建公私合作伙伴关系，在教育、文化、体育等领域推广政府购买制度，开发与辐射优质足球资源，营造多维度、立体化的北京校园足球生态环境，建设校园足球特色文化，积累首都校园足球改革示范经验。

北京市政府部门动员足球专业协会助力发展区域校园足球，是北京市校园足球工作创新的重要举措。北京市校足协是在民政部和工商部注册的全国首个校园足球协会，在北京市校园足球师资培训、特色学校遴选与建设、规范教学等工作中比较活跃。2019 年，北京市足协将校园足球发展纳入未来工作重点。北京市足协在北京市青少年校园足球一体化赛事设计及管理、足球后备人才一体化培养、高水平教练员培养等方面提供专业技术支撑。市教委联合市足协等社会组织力量，组织市级校园足球夏令营、冬训营，挑选最优秀的足球人才，在全北京的中小学校园内，定期提供专业的足球培训，让校园系统内的孩子们能够接受专业的足球技能培训，同时带动各学校足球运动的发展，建设北京市青少年校园足球后备人才梯队。北京市足协的"5816"青训工程（5 个市级青训中心、8 个大区级青训中心、16 个区级青训中心）与市教委的市级、区级、学区级校园足球"满天星"训练营积极对接，探索建立体教融合背景下的新型青训模式。

各级政府部门积极引导俱乐部等有序进入北京青少年校园足球教学、训练、竞赛、保障等领域。北京市教委通过签订合作备忘录等形式，积极引导中赫国安等俱乐部进入中小学，并成立校园足球训练基地，打通校园足球、社会足球、职业足球的发展道路，为有天赋的学生足球运动员搭建升学或专业发展的通道。北京市教委与中赫国安足球俱乐部共同发起"小比赛·大梦想"项目，这是在市政府主导下，协同社会力量和家庭共同推进校园足球普及的一次尝试。"高参小"项目引入中超职业俱乐部助推校园足球创新发展，并不断引导职业俱乐部支持校园足球教学工作。大兴区教委积极引导职业足球俱乐部进校园，在魏善庄镇教委和北控足球俱乐部的共同推动下，魏善庄镇三所中小学成为北控足球俱乐部青训基地。中赫国安足球俱乐部与牛栏山一中等基层中小学携手创建"中赫国安班"。北京市校园足球职能部门致力于整合内部政府资源和外部社会资源，使政府、企业、社会形成合力，推进校园足球治理体系发展。

三　府际协同

北京市青少年校园足球发展较快，得益于上下联动的府际协同。北京各级政府职能部门是北京市青少年校园足球协同治理的主导方，不同层级政府之间的权力配置和协同关系，是有效促进北京市青少年校园足球协同治理的组织保障。北京市青少年校园足球工作主要在中央的指导下，市级、县级政府职能部门逐级推广，表现为纵向权力配置关系，上下联动。府际协同的核心行动者构成包括全国校足办与地方校足办、同一职能系统不同行政层级部门，如市教委与区教委、市财政局与区财政局、区教委与基层中小学。

如表5-4所示，从中心度和中介度上看，市教委、区教委、中小学在北京市青少年校园足球协同网络中处于核心地位。北京市青少年校园足球已构建了市、区、学校三级政府管理体系，在全国青少年校园足球工作领导小组的统筹规划下，形成了校园足球府际协同网络。市教委、区教委、中小学同属一个教育系统，自上而下垂直管理，互动联系频繁，影响力大。从K-核及接近度上看，市教委、区教委、中小学之间互动频繁，凝聚性较强。教育系统作为北京市青少年校园足球的主导力量，通过逐层推进校园足球相关管理办法与制度文件，以政策法规的"法理"权威实现校园足球执行力，表现为领导力下的协调与合作。

北京市青少年校园足球训练、竞赛、支持体系均具有一定的贯通性。

在训练体系上，班级有班队，年级有代表队，学校有校队，区级、市级有精英训练营，构建了北京市青少年校园足球后备人才梯队。北京市青少年校园足球竞赛体系已构建班级、校级、区级、市级四级竞赛模式，形成"校内有比赛、校际有联赛、市级有选拔"的校园足球竞赛活动新格局。在经费保障上，学校、区级、市级均有专项经费。基于府际协同自上而下管理，北京市青少年校园足球治理体系逐渐完善，北京市青少年校园足球治理能力得以提升。

四　治理服务平台承上启下

北京市形成了青少年校园足球特色学校、试点县（区）、改革试验区、"满天星"训练营四位一体的校园足球立体推进格局，夯实了北京市校园足球普及基础。青少年校园足球特色学校、试点县（区）、改革试验区、"满天星"训练营构成了北京市青少年校园足球治理服务平台，发挥着引领和辐射作用。各级青少年校园足球治理服务平台与教育部、地方教育部门通过签订合作备忘录等形式，推进北京市校园足球工作的创新举措，积极探索北京市校园足球工作的成功经验。

第一，建设国家级、省级、区级青少年校园足球特色学校系列，搭建校园足球各项活动平台。截至2018年底，北京市共拥有253所国家级青少年校园足球特色学校，122所市级青少年校园足球特色学校（见图5-4），

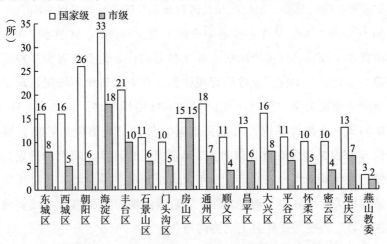

图5-4　北京市青少年校园足球特色学校情况

以及部分区级青少年校园足球特色学校。朝阳区有青少年校园足球特色学校 48 所，海淀区有青少年校园足球特色学校 58 所，丰台区有青少年校园足球特色学校 12 所。北京市青少年校园足球特色学校系列不仅实现了从小学到高中的一体化设计，而且实现了从区级到国家级的精细化管理，能够统筹推进北京市青少年校园足球活动的开展。

第二，扩大校园足球试点县（区）、改革试验区的治理自主权，因地制宜开展具有地方特色的校园足球工作。北京市延庆区、海淀区、丰台区、朝阳区、门头沟区为全国青少年校园足球试点区。延庆区在区委区政府、区教委和区体育局的顶层设计下，成立了 4 个"幼儿园—小学—初中—高中"相衔接的校园足球联盟，联盟自主管理，资源共享，为延庆校园足球"九大体系"提供了组织保障，助力打造延庆青少年校园足球模式。2016 年，海淀区被评为"全国青少年校园足球试点区"。2017 年，海淀区成为全国第一个"校园足球综合改革试验区"。海淀区结合本区校园足球发展实际，加强两个体系、八大工程建设，尝试性地做了一些探索。海淀区推动每个学区组建学区联队，举办学区联赛，构建四级联赛体系，形成班级、校际（学区级）、区级和冠军联赛四级金字塔竞赛模式，有利于后备人才的培养和选拔。门头沟区教委以德国沃尔夫斯堡青训体系为支撑，整合沃尔夫斯堡足球俱乐部资源，建立具有区域特色的校园足球发展体系，助力门头沟区校园足球发展。

第三，整合已有学校、足协、足球俱乐部等资源，成立"满天星"训练营，面向青少年提供专业足球课程与训练，实现多渠道资源的有效衔接。2018 年，海淀区和延庆区通过了全国青少年校园足球"满天星"训练营遴选。青少年校园足球治理服务平台应该充分发挥枢纽作用，实现多个主体在足球教学、训练、竞赛等方面的有序参与。海淀区教委邀请亚足联教练员、中超现役裁判、国家队名宿、学校一线教师等组建教练专家团队，完成海淀区"满天星"训练营队员选拔和集训工作，在 17 个学区组建"满天星"训练营。目前依托"满天星"训练营，海淀区成立 1 个区级、17 个学区级校园足球训练营，每个训练营建立 8 支（小学 4 支、初中 2 支、高中 2 支）男子和女子精英足球队，形成海淀区青少年校园足球后备人才培养体系。

第四节 北京市青少年校园足球协同治理运行机制概况

一 多方参与的资源动员

通过社会网络分析可以发现，北京市青少年校园足球呈现多维治理态势，一方面体现在教学体系、训练体系、竞赛体系的横向有序衔接，纵向互补贯穿上；另一方面体现在参与主体的多样化上。校园足球教学体系、训练体系、竞赛体系合作共治，打破了仅由教育或体育系统一方包揽的权力运行结构，充分发挥高校、专业协会、俱乐部等市场力量的效力，追求组织整合、过程整合、资源整合，同时追求行政效率的提高和不同主体的有效回应（见图 5 - 5）。

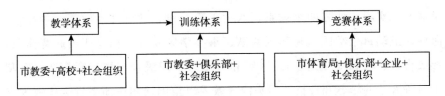

图 5 - 5 北京市青少年校园足球资源动员

（一）资源结构

基于资源的内容及呈现方式，北京市青少年校园足球资源结构不仅涉及师资力量、经费保障、场地设施等显性资源，还包括校园足球文化、学习氛围等隐性资源。政府、企业、社会组织是北京青少年校园足球资源的提供主体，其资源情况及资源动员特点具体如下。

1. 师资力量

从师资力量来看，北京市青少年校园足球特色学校平均拥有足球专项教师2.2人，外聘足球教练员3.3人，均能按照国家标准配备足球教师，这有助于北京市校园足球课程、训练、竞赛活动的开展。各级特色学校足球专业师资力量扎实，得益于北京市各级政府部门对足球师资队伍建设的重视，各级政府部门广泛吸纳人才，打造了由专业足球教练、专职体育教师组成的复合型足球师资团队。

首先，北京市重视多样化校园足球师资培训。在培训层次上，北京市校园足球已建立国家级、市级、区级、校级四级培训机制；在培训类型上，北京市校园足球师资培训涵盖校长、教练员、骨干师资、裁判员、退役运动员以及学生裁判员等。各特色学校足球教师及教练员每年都能接受2次及以上培训。各级教委联合其他部门通过招标形式委托社会力量举办校园足球师资相关培训。延庆区教委采用政府购买服务方式，连续四年聘请中体公司负责本区校园足球师资培训。此外，各级政府都十分注重对培训资金、受训者满意度等方面的监督管理。其次，各级教委要求进入校园足球体系的教练员、裁判员必须持证上岗，以提升北京市校园足球专业化水平。各级教委联合市、区足协承办 E 级教练员培训、学生裁判员培训。2018 年北京市足协培训了 240 名 E 级教练员、196 名学生裁判员。丰台区教委联合北京市足协定期举办等级教练员培训、足球裁判员培训等。最后，由于足球专项人才稀缺以及编制招聘困难，个别学校足球专项教师配备资质存在比较大的提升空间，大多数学校选择使用大量足球专项资金聘请专业教练员来满足教学、训练、竞赛等方面的人力需求。丰台区有 29 所学校和俱乐部展开合作，这是目前大部分特色学校弥补师资和教练缺口的主要方法。此外，北京各级教委鼓励足球退役运动员进入中小学系统，同时启动北京市校园足球海外引智计划。总之，北京各级政府通过多种途径提升校园足球师资力量。

2. 经费保障

从经费投入情况来看，北京已建立市、区、学校三级校园足球投入制度。市、区财政局每年向市、区教委拨付校园足球专项经费，用于开展校园足球活动。首先，从表 5 - 5 可以看出，在校园足球经费方面，2015 ~ 2017 年北京市级政府财政资金投入逐年增加，社会资金投入也在不断增加。其中，师资培训、竞赛组织、各级特色学校奖补是北京市校园足球经费支出的主要组成部分。市教委对国家级、市级青少年校园足球特色学校给予经费奖补，国家级每年获得 30 万元支持，市级每年获得 20 万元支持，奖补力度较大。其次，各区提供校园足球配套经费。各区划拨区级校园足球专项经费支持足球特色学校组织相关比赛、培训等工作。延庆区财政每年投入 300 万元，丰台区、海淀区财政每年投入 1000 万元。最后，各级特色学校加大足球项目投入。各特色学校不仅可以获得市、区财政的补助，而且市教委规定各特色学校用于足球活动的资金不低于该校课外活动专项资金总量的 20%。大多数学校体育专项经费均能保证不低于公用经费的 10%，学校体育工作的经费投入是学校经费支出的重点部分，除了校园足球专项经费外，课外活动经费以及其他学校体育经费拨款保证了此部分经费投入。现有标准的特色学校专项经费对于规模较小的学校来说相对充足，但对于规模较大，学生人数较多的学校则相对紧张。校园足球专项经费主要用于聘请校外教练员，而远郊区学校参加比赛的交通费用也占较大比例。

表5-5 北京市校园足球经费投入来源

单位：万元

年份	财政资金	社会资金
2015	6000	100
2016	9980	200
2017	10400	400

资料来源：北京市校园足球协会年度数据统计。

3. 场地设施

调研中发现，北京市各级校园足球特色学校基本达成了至少配置一块足球场地的目标，已经实现了《北京市足球场地设施建设规划（2016~2020年）》的重要建设任务。绝大多数学校均能够按照《北京市中小学校办学条件标准》配备足球场地设施与器材，尤其是在校园足球专项资金的支持下，器材设施配备充足，均能满足校园足球教学、训练、竞赛所需。北京市针对足球场地设施建设采取了一系列措施，具体做法如下。

首先，各级财政部门按区域特色加强学校足球场地设施建设。北京市足球场地设施建设五年规划给出了北京市学校足球场地建设的年度数量目标。截至 2017 年，北京市学校系统足球场中有标准场地 193 块，非标准场地 777 块。[①] 2018 年，北京市校园足球场地修缮数量为 80 块。2018 年，北

---

① 《北京足球场》，http://www.sohu.com/a/147766547_505377。

京市教委发布《北京市中小学校办学条件标准》，新标准专门对校园"体育用地"提出要求，明确每所学校应设足球场。其次，升级改造现有学校足球场地，这是各级学校弥补足球场地不足的主要办法。2018年，东城区教委投入1423万元用于区校园足球场地改造建设项目，延庆区教委投入275万元用于区中小学足球场地人造草坪系统采购项目。各级职能部门通过改善地表面层，铺设人工草坪等足球场地配套设施，提升现有学校足球场地设施的质量，提升学校足球场地设施服务能力。再次，区域探索建立共建共享足球场地机制。东城区、西城区学校还存在足球场地面积明显不足的情况，应当支持与邻近社区合作共建足球场地设施，投入大量经费租用校外场地开展足球教学、训练活动。从次，各级职能部门鼓励社会资本投资建设和运营校园足球场地设施。海淀区建成的校园足球训练基地，不仅可以作为海淀区"满天星"训练营的训练场，而且可以为周边学校及社区提供足球场地服务。最后，各级职能部门采用多种途径新建扩容。结合绿化工程建设足球场地，丰台区依托晓月郊野公园、园博园等绿化工程，因地制宜建设足球比赛场地和训练场地。

4. 校园足球文化

首先，北京市搭建了系统的各级校园足球文化宣传平台。北京市教委依托北京体育大学等高校，成立校园足球文化发展和传播机构，发挥高校社会服务功能，助推校园足球文化发展与传播。同时校园足球的主要阵地是中小学，北京市教委、北京人民广播电台等联合发起成立北京市校园足球通讯社，在校园足球特色学校建设实践基地和小记者站，通过培训与实践活动相结合的形式，分期分营组织"小记者"专项培训及"小记者"课外实践活动。各级特色学校组织小记者多角度、多方位、多层次地了解足球文化，推动中小学校园足球文化宣传，拓展青少年参与校园足球活动的途径。北京市依托校园足球通讯社、小记者站，开通了北京青少年校园足球官方微信公众号，同时利用校园广播站、公众号、宣传栏、黑板报等渠道，定期开展足球相关的宣传报道，组织各种针对足球文化的文化建设活动并取得一定的成果。

其次，北京市重视校园足球文化塑造。北京市教委已先后举办了三届北京市校园足球文化节，面向全市中小学组织校园足球标语、徽标、微视频、绘画、摄影等文化作品征集和展示活动，组织花式足球、啦啦操、特色学校联赛冠亚军友谊赛等实践活动，参与人次多，活动内容丰富，社会影响广泛。多数特色学校每学年能够组织至少1次足球主题的校园文化（口号、标语、绘画、徽标、歌曲等）征集活动，同时积极组织学生、教师、家长参加市、区级的校园足球文化节作品征集评选活动，观看主场校园足球竞赛活动，引导足球成为倡导学生健康生活方式的重要载体。市教委对在校园足球方面表现优秀的个人和集体进行表彰，开展"校园足球之星""校园足球小使者"等评选活动，在学生中树立榜样，发挥示范、引领作用。北京市校园足球文化建设在活动数量、活动类型、现场氛围、参与人次、影响力等方面逐年提高，营造出政府、学生、社会共同参与的校园足球氛围，这充分体现出北京市传播和塑造校园足球文化取得了良好效果。

（二）动员方式

从资源动员方式来看，北京各级校园足球普及与提高工作主要依靠组织化动员和社会化动员（见表5-6）。北京青少年校园足球工作在开始阶段主要依托组织化动员，利用多个职能部门自身业务优势，如市教委的统筹规划优势、市体育局的专业优势、市发展改革委的场地建设规划优势、市财政局的财政投入优势等，加强行政动员，以政府主导的财政拨款、软硬件配备等方式，为校园足球工作的开展提供相关保障。此外，组织化动员还体现在职能部门牵头社会资源，以行政动员建立正式联系方面。海淀区教委加强与海淀区体育局、北京体育大学、首都体育学院、人大附中三高足球俱乐部、八一中学翱翔足球俱乐部等合作，组织开展区级足球教练员培训。

社会化动员即通过政府购买、合作共建等形式，动员社会资源参与校园足球供给，它是丰富北京市青少年校园足球供给的重要方法。北京市青少年校园足球治理模式是一种典型的政企社合作模式，既坚持政府主导地位，又发挥市场、社会组织补充作用。作为全国的政治、文化中心以及高校密集城市，北京汇集了各类足球俱乐部及足球相关企业，其市场引领效应明显。首先，北京市在提升政府服务供给能力的同时，积极引入社会力量丰富校园足球市场。北京市校园足球协会是全国第一个省级校园足球协会，吸纳各区教委，193 位中小学会员，北京大学等 16 所高校，热爱足球事业的企业、科研机构，等等，长期与北京市教委密切合作，从事校园足球运动的竞赛设计及青训体系、师资及队伍建设、青少年普及活动、科研服务等方面的工作，全方面推进校园足球工作。其次，北京市各级政府部门通过官方正式合作方式，积极推动政府与企业共同参与北京市校园足球发展。各类教育培训机构等市场力量，以付费的方式参与校园足球课余训练等项目供给，这是加强市场自治的一种形式。中赫国安足球俱乐部发挥专业优势和品牌影响力，与北京市教委合作共建，签订合作备忘录，共同打造具有北京特色的青少年校园足球品牌赛事体系。在政府引导市场参与下，地方学校也逐渐推广学校与俱乐部等市场力量共同参与校园足球治理的模式。各级特色学校利用政府购买方式聘请国内外的足球专家、高级足球运动员、教练参与校园足球发展，如丰台区 45 所学校聘用的 65 名专业足球教练分别来自俱乐部、高校、社会组织等，便是多途径引聚师资的体现。因此，北京市坚持内外互补，主动整合，形成政府、学校、社会多方参与的校园足球资源动员体系。

表 5－6　北京市青少年校园足球资源动员现状

参与主体	参与程度	资源投入类型	动员方式
市校足办	常态化参与	政策、资金	组织化动员
市教委	常态化参与	资金、项目	组织化动员
区教委	常态化参与	资金、政策	组织化动员
市体育局	定期参与	竞赛设计、政策	组织化动员
市足协	定期参与	教练员、裁判员培训等项目	社会化动员
市校足协	定期参与	竞赛组织、师资培训等项目	社会化动员
企业	偶发参与	竞赛赞助	社会化动员
高校	偶发参与	师资、教育项目	社会化动员
俱乐部	偶发参与	师资培训、课余训练项目	社会化动员
足球培训机构	偶发参与	课余足球训练项目	社会化动员

二　精准契合的利益分配

（一）利益需求分析

北京市青少年校园足球多元利益主体并存的局面已经初步形成，需要充分考虑各参与主体的需求，遵循共赢、公平、透明三大原则，维护社会公共利益和自身利益，精准的利益分配有利于提升各参与主体的积极性，提升不同主体的协同效率。北京市青少年校园足球利益相关者涉及多个职能部门，如青少年校园足球特色学校、社会组织、市场组织等，需要协调公共利益和自身利益。利益状况直接影响主体协作互动的热情。各级参与主体不仅要考虑"秉持校园足球普及与提高协调发展"这一最高公共利益，而且要兼顾经济回报、自身发展、获得荣誉、社会认可等自身利益。

各级政府部门是北京市青少年校园足球治理的主导力量。北京市各级政府部门作为公共代表，应承担发挥足球育人功能的责任，这是发展北京市青少年校园足球的首要任务。北京市校园足球落实立德树人根本任务、培育和践行社会主义核心价值观的重要举措，是学校体育改革和素质教育的突破口，可以营造积极健康的校园足球文化氛围。为提升北京市校园足球整体水平，各级政府部门应转变政府职能，最大限度动员社会力量参与，推进校园足球管理体制改革，创新校园足球供给模式。市、区教委，特色学校无法承接所有服务供给职能，因此应鼓励整合校园足球多元利益主体，以获得更多的资源来满足校园足球多样化活动需求。为更好发挥社会力量在校园足球诸多事务中的作用，北京市教委率先全面推广政府购买服务，出台教育领域政府购买目录，对于适合由社会提供的校园足球服务，引入竞争机制，通过合同、委托等方式向社会购买。

企业是北京市青少年校园足球治理的延伸力量。作为市场主体，企业最关心的是获得经济利益、改善企业形象、提高社会知名度和赢得社会认可。企业参与校园足球服务，既可以增加与政府相关部门的交流，也可以发掘更多与潜在成员互动的机会。北京市各职能部门运用营造校园足球文化舆论氛围、专项资金扶持、税收优惠等多种激励方式来寻求企业利益与公共利益的协调统一。社会组织参与校园足球事务，既可以实现组织发展价值，又能够获得社会认同，也可以实现公共利益。青少年广泛参与足球课、足球竞赛、足球文化宣传等是北京市校园足球治理的一大亮点。青少年学生既是校园足球服务的提供者，又是校园足球服务的受益者，校园足球服务能够从多方面促进青少年学生综合素养的提升。

(二) 利益分配方式

北京市各个校园足球参与主体资源禀赋存在差异，应根据其利益需求与完成任务情况，采取精准契合的利益分配方式，给予酬劳、评价、荣誉等激励与保障，促进更多成员长期有效开展校园足球工作。如图 5 - 6 所示，社会组织参与校园足球供给服务获得的支持主要是购买服务、组织建设、合作交流和社会认可。如图 5 - 7 所示，企业参与校园足球供给服务获得的支持主要是购买服务、成员招募、媒体宣传和社会认可。

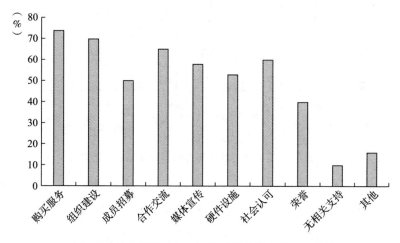

图 5 - 6　社会组织参与校园足球供给服务获得的支持

第一，校园足球活动经费保障。北京市青少年校园足球协同治理注重满足不同参与主体的利益诉求，企业、社会组织参与校园足球供给服务获得的最主要的支持是购买服务，即经费保障、硬件设施供给。市、区民政部门牵头建立足球类社会组织孵化中心，如北京市校园足球协会、北京市青少年校园足球培训基地、北京市校园足球文化研究与传播中心，为其提供启动经费、办公场所、项目支持等相应保障，培育各类社会组织更好地参与校园足球供给服务。市、区教委，各级学校主要以政府购买服务的方式，向社会组织、市场组织购买专业校园足球服务。企业、社会组织运行需要生产、经营等成本，其通过项目资金、配套资金、自筹资金实现自我管理与发展。各参与主体根据校园足球任务的实际需求，制定校园足球经费预算，严格按照经费预算开支，完成校园足球服务供给。各级财政单位会定期到各校检查经费使用情况，同时制定衡量标准，严格遴选程序，规范各级校园足球活动日常运转。北京市各级财政部门每年定期组织校园足球发展专项资金绩效评估，根据共赢、公平、透明原则，了解项目绩效目标完成情况和项目资金使用及管理情况，规范项目实施、管理情况。

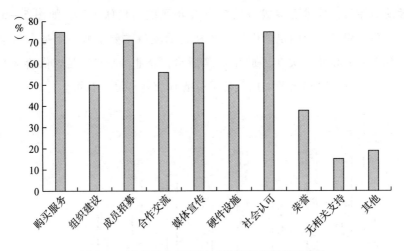

图5-7　企业参与校园足球供给服务获得的支持

第二，参与主体荣誉分配。为保障各参与主体的积极性，北京各级校足办将校园足球活动开展效果与各参与主体荣誉分配紧密挂钩。针对相关职能部门，北京市校足办每年年底开展年终工作总结与考核，设置个人、集体等奖项。此外，北京市教委还将校园足球普及推广效果纳入区域、学校考核评价和校长个人考核评价指标体系。市教委每年对北京市校园足球工作突出的校长、教师、教练员、运动员等个人给予表彰，如学校、区教委、市教委每年年末都会授予为校园足球做出突出贡献的个人和集体优秀试点区、优秀区长、优秀特色学校、优秀校园足球组织工作者、优秀校园足球教练员、优秀特色学校教师、校园足球感动人物等荣誉。2017年，海淀区教委、朝阳区教委、丰台区教委、大兴区教委获得了突出贡献奖。2018年，昌平等10个区教委获得了突出贡献奖。2018年北京工商大学附属小学等30所学校获得了校园足球文化传播工作优秀组织奖。针对校园足球竞赛突出的个人，市教委设立最佳运动员、最佳射手、最佳门将、最佳教练员、最佳裁判、苗苗奖、校园足球十佳教师、校园足球十佳少年等奖项。为了监督社会组织及市场组织，各级财政部门对其校园足球服务项目进行评估,对优秀赛事合作伙伴、赛事最佳商务合作伙伴等予以表彰。北京市星辉盛世体育文化传媒有限责任公司被表彰为京少联赛最佳商务合作伙伴。

三 科学高效的多元共治

(一) 目标一致

北京市、区、学校各级校足办通过协商合作及市场机制等多种方式,获得多个参与主体的认同与支持,各方树立明确且一致的共同目标,为实现校园足球公共利益的最大化,推进校园足球治理创新做出努力。共同目标是北京市校园足球治理主体关系的黏合剂。市、区教委的核心目标是发挥足球全面育人作用,培育身心健康、体魄强健、全面发展的社会主义现代化建设者和接班人。各级青少年校园足球特色学校的目标是践行立德树人,以校园足球为手段,提升学生综合素养。推动足球普及与提高是北京市及区域体育部门的重要目标。北京市足球相关社会组织的核心目标是推动足球普及与提高,发挥专业优势,开展足球活动、弘扬足球价值观、活跃足球市场、营造足球文化氛围。校园足球相关企业的核心目标是助力足球运动推广与提高,履行自身社会责任,为校园足球提供更加丰富的产品及服务。因此,在北京市校园足球协同治理中,各参与主体基于共同目标形成合作关系,竭力为青少年提供更优质的校园足球服务,这是产生良好治理效果的基础。

(二) 分工明确

北京市、区、学校等各级青少年校园足球工作领导小组发挥主导作用,各参与主体围绕青少年足球学习需求和校园足球治理体系构建要求,各司其职、各负其责、各尽其能,系统分工,以达到共治效果(见图5-8)。师资、场地不足等使北京市校园足球服务的供需矛盾尤为突出,呈现为总需求量供不应求。北京校园足球服务供给中,政府购买制度运用广泛,内外互动明显。市教委及各级学校均以政府采购方式完成北京市校园足球场地保障服务、安全保障服务、教育评估性服务、教学及教学辅助性服务、教育培训及赛事组织服务、文化体系建设和实践服务等。参与招标的单位有足球专业组织、高校，还有体育企业，这不仅整合了社会专业资源，而且促进了体育产业发展，强化了产业反哺。政府购买服务将个性化、异质性的校园足球需求与同样分散的、异质性的供给进行了有效对接，使青少年校园足球"生产者"与"提供者"分离，弥补了校园足球领域内资源的不足。政府部门将校园足球部分服务交给企业或社会组织来负责，自己则扮演监督者和管理者的角色，推进政府简政放权，培育社会力量规范发展。

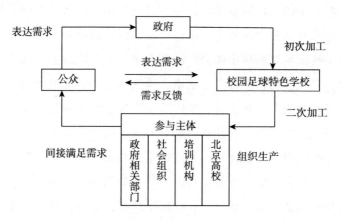

图 5 - 8   北京市校园足球参与主体分工明确

(三) 权责清晰

权责清晰有助于多主体持续稳定参与协同治理。首先，北京市各级校园足球政府参与主体责任分担较为清晰。北京市各级教育部门负责组织学校落实校园足球工作，体育部门负责校园足球人力资源管理、专业技术指导，发展改革部门负责学校足球场地设施建设，财政部门负责为校园足球工作提供经费支持，宣传部门负责校园足球文化塑造与传播，共青团系统负责组织校园足球文化活动。按照职能分工，北京市各级政府部门承担不同校园足球相关工作。其次，市场组织及社会组织参与北京市青少年校园足球生产服务，其主要负责提供优秀的校园足球专业服务如足球培训、竞赛组织等。企业及社会组织努力获取财政投入及政策支持，代替政府部门完成校园足球诸多事务，同时实现组织机构自身的发展。各级职能部门、社会组织、企业充分尊重和保障自身独立性，通过建立契约关系，以合同或协议形式明确各自的责任分工，规范各方行为（见图 5-9）。

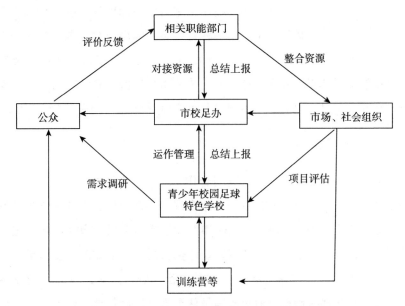

图 5-9　北京市校园足球参与主体权责清晰

（四）信息共享

北京市已建立多样化的校园足球信息沟通渠道。北京市、区校足办通过会议研讨、文件通知、现场调研、项目评估等形式定期交流，形成参与主体之间的信息互通渠道，实现信息共享，不断提高北京市校园足球协同治理效果。各级青少年校园足球特色学校及区校足办定期将校园足球活动开展情况向上一级主管部门汇报，此种方式具有适用性强、效果明显的特点，是北京市校园足球不可或缺的信息共享方式。同时各级青少年校园足球特色学校通过北京市电视台、广播、报纸、学校网站、校内宣传平台等渠道宣传校园足球相关信息，此种方式适用群体广泛，既有助于动员更多社会资源参与协同治理，也有利于扩大青少年及公众的参与度。各级政府应增加面向社会全体成员的信息发布渠道，以便校园足球相关项目发布与对接。目前北京市主要依赖北京市校园足球各职能部门官方网站和新媒体信息平台，如官方微信公众号、微博及微信群等。北京青少年校园足球微信公众号长期关注北京市校园足球教学、训练、竞赛、文化等相关信息的发布与交流。北京市教委等部门定期将校园足球竞赛、师资培训、训练指导等项目统一打包进行线上发布，诸如各类校园足球竞争招标项目在中国政府购买服务信息平台、中国学校招标网、中国教育装备采购网、北京市公共资源交易服务平台、北京市政府采购网等公开发布，使招标程序及信息得以及时公示。网络及新媒体平台具有便捷高效、传播力强等特点，既有助于不同参与主体获得相关信息，也有利于不同参与主体提升校园足球服务供给能力。

（五）平等协商

首先，为加强成员单位的沟通与合作，北京市依托市、区、校级青少年校园足球工作领导小组，通过召开联席会议、协调会议、推进会议等进行平等协商。如为了加强体教融合，北京市教委、市体育局与市足协建立定期的沟通机制，形成了北京市青少年校园足球例会制度。以北京市校园足球联赛组织为例，市教委多次召集各参会成员单位，研讨并制订校园足球竞赛计划，设计一体化赛事制度，避免校园足球赛事与社会足球赛事产生冲突，全面打造北京市一体化的青少年足球联赛体系。其次，各级政府、企业、社会组织拓宽协商渠道，遵循合同建立合作伙伴关系。市教委积极吸纳辖区内拥有一定社会资源的机构和团体加入，与中赫国安足球俱乐部签订了十二条校园足球合作备忘录以及"北京市中赫国安校园足球小比赛项目"合作协议，助推俱乐部普及青少年足球运动。门头沟区教委与德国沃尔夫斯堡俱乐部围绕校园足球形成战略合作协议，以沃尔夫斯堡青训体系为支撑，在职业教练、青训体系、赛事合作、品牌支持等方面进行合作，建立符合门头沟特色的校园足球发展体系。平谷区第八小学等学校与国安俱乐部签订合作协议，通过研发足球校本课程，推进学校足球课程改革建设。各级政府、企业、社会组织就区域校园足球相关事务，通过召开会议、签订合同等形式平等交涉、对话和商讨，以实现不同参与主体相互理解和合作。

（六）监督评价

北京市青少年校园足球致力于形成"政府在行动、市场在行动、社会在行动"的协同治理模式。北京市青少年校园足球协同治理参与主体丰富，监督评价是检验众多参与主体关系的重要反馈机制。北京市青少年校园足球监督评价依照自上而下的原则展开。

首先，北京市教委统筹协调各教育系统实施青少年校园足球特色学校、试点县（区）、改革试验区、"满天星"训练营等各项工作的监督评价。其中，各级青少年校园足球特色学校是北京市校园足球工作落地实施的重要枢纽。市教委率先从操作和推广层面完善青少年校园足球特色学校遴选标准，依据学校申报、区教委审核、市教委认定3个阶段，遴选、建设国家级、市级、区级校园足球特色学校。市、区教委作为监管主体，负责校园足球特色学校系列的动态管理。市教委定期委托北京市校园足球协会等组织，利用实地考察深入中小学，调研各区校园足球实际开展情况，打破以往审查支撑材料形式，对各级青少年校园足球特色学校的教学、训练、竞赛、保障体系实施动态监管。①

其次，北京市各级政府对参与校园足球的社会组织、企业进行了评价。为了对不同主体的校园足球服务行为进行有效管控，促进不同系统资源有序发挥协同效应，北京市各级职能部门放宽了不同参与主体的准入制度，完善了过程监控和事后评估。各级职能部门出台《北京市承接政府购买服务社会组织资质管理办法（试行）》②《北京市人民政府办公厅关于政府向社会力量购买服务的实施意见》③等政策，对参与校园足球供给服务的社会组织和企业加强监管。同时北京市各级职能部门通过公开招标程序、合同管理制度、评价考核制度和激励约束制度，了解项目实施情况及效果，发现实际工作中存在的问题，加强项目过程和结果监督，督促社会组织、企业认真落实校园足球工作。④ 然而，北京市尚缺乏外聘教练员人才信息库，没有相应官方外聘教练员薪资参考标准，外聘教练员授课的监督管理机制也有待加强。

最后，市教委牵头以第三方独立民意调查的形式对2016年至2018年北

---

① 《北京市教育委员会关于做好2018年校园足球特色学校与试点区遴选推荐工作的通知》，京教函〔2018〕229号，2018－5－16。

② 北京市民政局：《北京市承接政府购买服务社会组织资质管理办法（试行）》，京民社发〔2014〕222号，2014－6－16。

③ 《北京市人民政府办公厅关于政府向社会力量购买服务的实施意见》，京政办发〔2014〕34号，2014－6－6。

④ 《北京市教育委员会关于开展校园足球海外引智计划调研评估的通知》，http://jw.beijing.gov.cn/tmc/ty/tzgg_748/201809/t20180930_63710.html。

京市青少年校园足球师资培训、精英训练营搭建、竞赛组织等工作进行调查，广泛使用满意度数据及项目后期评估等方式评价承办主体工作的实际效果，全面了解教师、青少年、家长等群体的满意度，增强青少年校园足球工作的针对性和实效性。以北京市校园足球骨干教师培训班为例，市教委会组织参训人员填写培训满意度调查问卷，并以此作为承办单位的考核内容之一。同时，市教委也会对中小学生及家长进行满意度问卷调查，以了解承办单位组织的青少年校园足球精英训练的效果。第三方民意调查能够促进不同主体多角度反馈服务实现情况，有效对接承办主体的服务效果和使用主体的需求，保障校园足球质量安全，有助于推进北京市青少年校园足球供给侧改革。

第五节　北京市青少年校园足球协同治理效果影响因素

校园足球协同治理涉及不同参与主体的协调合作与共同行动，想要实现科学高效的协同治理，必须探究校园足球协同治理效果的影响因素。本节依据前文提出的协同治理框架，通过量表调研，以资源动员、多元共治、利益分配为自变量，以校园足球协同治理效果为因变量，进行多元回归分析，探索校园足球协同治理效果影响因素。

一　北京市青少年校园足球协同治理效果影响因素分析

本研究所使用的量表主要涉及校园足球协同治理评价，关注资源动员、多元共治、利益分配及校园足球协同治理效果等方面（见附录4）。校园足球特色学校负责人根据其在执行校园足球工作过程中的具体情况，按照重要程度进行评价。资源动员维度涵盖主体能力、参与积极性、经费投入、场地设施配备、师资配备，多元共治维度涵盖目标一致、权责清晰、分工明确、信息共享、平等协商、监督评价，利益分配维度涵盖共赢性、公平性、透明性。校园足球协同治理效果为各级特色学校负责人基于资源动员、多元共治、利益分配的情况对本校校园足球协同治理做出的整体水平评价。

通过成分矩阵（见表5-7），笔者对资源动员、多元共治、利益分配的所有题项进行因子分析，萃取出三个因子，KMO的值为0.942，说明变量之

间是存在相关性的，巴特利特球形检验结果，Sig. 值为 0.000，说明适合做
因子分析。主体能力、参与积极性、师资配备、经费投入、场地设施配备的
因素负荷量都大于 0.5，且包含在资源动员因子里。目标一致、权责清晰、
分工明确、信息共享、平等协商、监督评价的因素负荷量都大于 0.5，且包
含在多元共治因子里。共赢性、公平性、透明性的因素负荷量都大于 0.5，
且包含在利益分配因子里。量表与本书提出的三种运行机制吻合。三个因子
总体解释贡献率较高，达到 81.810%（见表 5-8），整体建构效果较好。

表 5-7　旋转后的成分矩阵

	成分		
	1	2	3
主体能力	.694		
参与积极性	.777		
经费投入	.836		
场地设施配备	.872		
师资配备	.547		
目标一致		.528	
权责清晰		.709	
分工明确		.730	
信息共享		.896	
平等协商		.880	
监督评价		.903	
共赢性			.808
公平性			.801
透明性			.831

注：提取方法为主成分分析法。

表 5-8　总方差解释

单位：%

成分	初始特征值			提取载荷平方和			旋转载荷平方和		
	总计	方差百分比	累积百分比	总计	方差百分比	累积百分比	总计	方差百分比	累积百分比
1	10.634	66.461	66.461	10.634	66.461	66.461	7.854	49.085	49.085
2	1.378	8.614	75.075	1.378	8.614	75.075	2.721	17.008	66.093

续表

成分	初始特征值			提取载荷平方和			旋转载荷平方和		
	总计	方差百分比	累积百分比	总计	方差百分比	累积百分比	总计	方差百分比	累积百分比
3	1.078	6.735	81.810	1.078	6.735	81.810	2.515	15.717	81.810
4	.758	4.740	86.551						
5	.609	3.807	90.358						
6	.362	2.264	92.622						
7	.277	1.730	94.353						
8	.232	1.452	95.804						
9	.220	1.375	97.179						
10	.153	.954	98.133						
11	.105	.654	98.787						
12	.079	.495	99.281						
13	.044	.277	99.558						
14	.037	.229	99.787						
15	.019	.121	99.908						
16	.015	.092	100.000						

注：提取方法为主成分分析法。

二　资源动员对校园足球协同治理效果的多元回归分析

师资、场地设施、经费等资源是北京市校园足球发展的能量源和重要支持体系。协同治理需要对校园足球领域的经费、场地设施、师资等资源进行优化组合，使其高效运转，这是不同主体实现组织目标的协调过程。资源动员的目标是实现资源最优配置和主体之间的优势互补。主体能力、参与积极性、经费投入、场地设施配备、师资配备等可能会影响校园足球协同治理效果。

本研究采用多元回归分析，以资源动员的各维度（分为主体能力、参与积极性、经费投入、场地设施配备、师资配备）为自变量，以校园足球协同治理效果为因变量，构建多元回归模型来探讨资源动员对校园足球协同治理效果的影响。首先，F 检验显示整体回归模型是显著的（见表 5 - 10），说明资源动员对校园足球协同治理效果有显著的影响，资源动员能

够有效预测校园足球协同治理效果。资源动员对校园足球协同治理效果的
影响模型是有效的。其次，判定系数 R^2 超过 0.6（见表 5 – 9），说明拟合
度较好，回归方程对校园足球协同治理效果的解释程度较好。最后，本研
究通过标准化的回归系数显著性分析（见表 5 – 11）发现，资源动员五个
维度的自变量都有一个对应的回归系数，且均有显著性意义，表明资源动
员可以有效预测校园足球协同治理效果的变异。主体能力、参与积极性、经
费投入、场地设施配备、师资配备均是显著的预测变量。主体能力越强，校
园足球协同治理效果越好；参与积极性越高，校园足球协同治理效果越好；
经费投入越多，校园足球协同治理效果越好；足球场地设施配备越完善，校
园足球协同治理效果越好；师资配备越充足，校园足球协同治理效果越好。
综上，资源动员越有力，校园足球协同治理效果越好。

表 5 – 9　资源动员对校园足球协同治理效果的模型摘要

模型	R	R^2	调整后 R^2	标准估算的误差	R^2 变化量	F 变化量	自由度 1	自由度 2	显著性 F 变化量
1	.987[a]	.974	.972	.176	.974	508.279	5	69	.000

a. 预测变量：常量、主体能力、参与积极性、经费投入、场地设施配备、师资配备。

表 5 – 10　资源动员对校园足球活动开展的单因素方差分析[a]

模型		平方和	自由度	均方	F	显著性
1	回归	81.356	5	16.271	433.374	.000[b]
	残差	2.591	69	.038		
	总计	83.947	74			

a. 因变量：校园足球协同治理效果。
b. 预测变量：常量、主体能力、参与积极性、经费投入、场地设施配备、师资配备。

表 5 – 11　资源动员对校园足球活动开展的系数[a]

模型		未标准化系数		标准化系数	T	显著性	共线性统计	
		B	标准误差	Beta			容差	VIF
1	常量	-.397	.111		-3.575	.001		
	主体能力	.304	.076	.288	3.998	.000	.074	13.508

续表

模型		未标准化系数		标准化系数	T	显著性	共线性统计	
		B	标准误差	Beta			容差	VIF
1	参与积极性	.256	.056	.238	4.597	.000	.143	6.977
	经费投入	.178	.062	.175	2.878	.005	.104	9.626
	场地设施配备	.126	.051	.119	2.480	.016	.167	5.996
	师资配备	.239	.050	.219	4.787	.000	.183	5.476

a. 因变量：校园足球协同治理效果。

三 多元共治对校园足球协同治理效果的多元回归分析

多元共治机制包括目标一致、权责清晰、分工明确、信息共享、平等协商、监督评价。目标一致，即目标相同，可获得更多参与主体的认同与支持，为跨部门合作奠定基础。权责清晰，即清晰界定权责，有助于多主体持续稳定的协同治理。分工明确，将合作的理念和价值植入校园足球运作体系之中，使得校园足球协同治理成为相互影响的动态过程。信息共享，建立多种信息互动平台与渠道，有利于不同主体参与校园足球服务管理。平等协商，遵循民主讨论、集思广益的原则，构建持续的、完整的沟通体系。监督评价，即制定评估体系，实施动态监管。

本研究采用多元回归分析，以多元共治的各维度（分为目标一致、权责清晰、分工明确、信息共享、平等协商、监督评价）为自变量，以校园足球协同治理效果为因变量，构建多元回归模型来探讨多元共治对校园足球协同治理效果的影响。首先，F 检验显示整体回归模型是显著的（见表 5 - 13），说明多元共治对校园足球协同治理效果有显著的影响，多元共治能够有效预测校园足球协同治理效果。多元共治对校园足球协同治理效果的影响模型是有效的。其次，判定系数 R^2 超过 0.6（见表 5 - 12），说明拟合度较好，回归方程对因变量的解释程度较好。最后，本研究通过标准化的回归系数显著性分析（见表 5 - 14）发现，多元共治六个维度的自变量都有一个对应的回归系数，且均有显著性意义，表明多元共治可以有效预测校园足球协同治理效果的变异。目标一致、权责清晰、分工明确、信息共享、平等协商、监督评价均是显著的预测变量。参与主体目标越一致，校园足球协同治理效果越好；参与主体权责越清晰，校园足球协同治理效果越好；参与主体分工越明确，校园足球协同治理效果越好；信息共享越流畅，校园足球协同治理效果越好；参与主体平等协商越完善，校园足球协同治理效果越好；监督评价越强，校园足球协同治理效果越好。综上，多元共治越完善，校园足球协同治理效果越好。

表 5 - 12　多元共治对校园足球协同效果的模型摘要

模型	R	R^2	调整后 R^2	标准估算的误差	R^2 变化量	F 变化量	自由度 1	自由度 2	显著性 F 变化量
1	.987[a]	.975	.973	.173	.975	440.201	6	68	.000

a. 预测变量：常量、目标一致、权责清晰、分工明确、信息共享、平等协商、监督评价。

表 5 - 13　多元共治对校园足球活动开展的单因素方差分析[a]

模型		平方和	自由度	均方	F	显著性
1	回归	78.954	6	13.159	440.201	.000[b]
	残差	2.033	68	.030		
	总计	80.987	74			

a. 因变量：校园足球协同治理效果。
b. 预测变量：常量、目标一致、权责清晰、分工明确、信息共享、平等协商、监督评价。

表 5 - 14　多元共治对校园足球协同治理效果的系数[a]

模型		未标准化系数		标准化系数	T	显著性	共线性统计	
		B	标准误差	Beta			容差	VIF
1	常量	-.312	.113		-2.754	.008		
	目标一致	.194	.059	.170	3.275	.002	.138	7.261
	权责清晰	.237	.052	.233	4.557	.000	.141	7.075
	分工明确	.175	.066	.168	2.661	.010	.092	10.858
	信息共享	.139	.046	.138	3.056	.003	.180	5.543
	平等协商	.170	.058	.167	2.910	.005	.112	8.941
	监督评价	.156	.070	.161	2.217	.030	.070	14.201

a. 因变量：校园足球协同治理效果。

四　利益分配对校园足球协同治理效果的多元回归分析

多元主体参与校园足球治理模式的产生是社会结构变迁和多元利益分

化的结果。利益分配需要考虑不同主体的需求，这直接影响到协同治理过程中合作关系的紧密程度。因此，利益分配需要遵循共赢、公平、透明等原则，形成多元主体利益格局。

本研究采用多元回归分析，以利益分配的各维度（分为共赢性、公平性、透明性）为自变量，以校园足球协同治理效果为因变量，构建多元回归模型来探讨利益分配对校园足球协同治理效果的影响。首先，F 检验显示整体回归模型是显著的（见表 5 – 16），说明利益分配对校园足球协同治理效果有显著的影响，利益分配能够有效预测校园足球协同治理效果，利益分配对校园足球协同治理效果的影响模型是有效的。其次，判定系数 R^2 超过 0.6（见表 5 – 15），说明拟合度较好，回归方程对因变量的解释程度较好。最后，本研究通过标准化的回归系数显著性分析（见表 5 – 17）发现，利益分配三个维度的自变量都有一个对应的回归系数，且均有显著性意义，表明利益分配可以有效预测校园足球协同治理效果的变异。共赢性、公平性、透明性均是显著的预测变量。参与主体利益共赢性越强，校园足球协同治理效果越好；参与主体利益分配公平性越高，校园足球协同治理效果越好；参与主体利益分配透明性越高，校园足球协同治理效果越好。综上，参与主体利益分配越合理，校园足球协同治理效果越好。

表 5 – 15　利益分配对校园足球协同治理效果影响的模型摘要

模型	R	R^2	调整后 R^2	标准估算的误差	R^2 变化量	F 变化量	自由度 1	自由度 2	显著性 F 变化量
1	.961[a]	.923	.919	.297	.923	282.012	3	71	.000

a. 预测变量：常量、共赢性、公平性、透明性。

表 5 – 16　利益分配对校园足球协同治理效果的单因素方差分析[a]

模型		平方和	自由度	均方	F	显著性
1	回归	74.716	3	24.905	282.012	.000[b]
	残差	6.270	71	.088		
	总计	80.987	74			

a. 因变量：校园足球协同治理效果。

b. 预测变量：常量、共赢性、公平性、透明性。

表 5 – 17　利益分配对校园足球协同治理效果的系数[a]

模型		未标准化系数		标准化系数	T	显著性	共线性统计	
		B	标准误差	Beta			容差	VIF
1	常量	-.488	.196		-2.486	.015		
	共赢性	.426	.056	.411	7.557	.000	.369	2.707
	公平性	.387	.061	.333	6.293	.000	.389	2.568
	透明性	.331	.055	.317	6.059	.000	.399	2.505

a. 因变量：校园足球协同治理效果。

五　三个自变量对因变量的多元回归分析

本研究采用多元回归分析，以资源动员、多元共治、利益分配为自变量，以校园足球协同治理效果为因变量，构建多元回归模型来探讨资源动员、多元共治、利益分配对校园足球协同治理效果的影响。首先，F检验显示整体回归模型是显著的（见表 5 – 19），说明资源动员、多元共治、利益分配对校园足球协同治理效果有显著的影响，自变量能够有效预测因变量，资源动员、多元共治、利益分配对校园足球协同治理效果的影响模型是有效的。其次，判定系数 R^2 超过 0.6（见表 5 – 18），说明拟合度较好，回归方程对因变量的解释程度较好。最后，本研究通过标准化的回归系数显著性分析（见表 5 – 20）发现，资源动员、多元共治、利益分配三个自变量都有一个对应的回归系数，且均有显著性意义，表明资源动员、多元共治、利益分配可以有效预测校园足球协同治理效果的变异。资源动员和多元共治是显著的预测变量。资源动员越强，校园足球协同治理效果越好；多元共治越强，校园足球协同治理效果越好。

表 5 – 18　三个自变量对校园足球协同治理效果的模型摘要

模型	R	R^2	调整后 R^2	标准估算的误差	R^2 变化量	F 变化量	自由度 1	自由度 2	显著性 F 变化量
1	.993[a]	.987	.986	.124	.987	1731.351	3	71	.000

a. 预测变量：常量、资源动员、多元共治、利益分配。

表 5 – 19 三个自变量对校园足球协同治理效果的方差分析

模型		平方和	自由度	均方	F	显著性
1	回归	79.895	3	26.632	1731.351	.000[b]
	残差	1.092	71	.015		
	总计	80.987	74			

a. 因变量：校园足球协同治理效果。

b. 预测变量：常量、资源动员、多元共治、利益分配。

表 5 – 20 三个自变量对校园足球协同治理效果的系数[a]

模型		未标准化系数		标准化系数	T	显著性	共线性统计	
		B	标准误差	Beta			容差	VIF
1	常量	-.394	.081		-4.846	.000		
	资源动员	.553	.070	.494	7.953	.000	.049	20.297
	多元共治	.597	.076	.552	7.850	.000	.038	26.012
	利益分配	-.056	.068	-.047	-.824	.413	.059	16.897

a. 因变量：校园足球协同治理效果。

第六节 本章小结

本章采用实地考察法、问卷调查法、社会网络分析法等，调研北京市青少年校园足球协同治理情况，深入分析北京市青少年校园足球宏观体制、治理体系等总体概况，探讨不同治理主体参与北京市青少年校园足球教学、训练、竞赛等情况，着重从资源动员、多元共治、利益分配等角度阐述北京市青少年校园足球协同治理运行机制。同时，本章利用多元回归分析，探究了资源动员、多元共治、利益分配对校园足球协同治理效果的影响，并尝试建立相应的模型。

北京市在推进校园足球政策落实、营造校园足球文化氛围、发挥校园足球育人功能等方面开展了卓有成效的工作。北京市青少年校园足球的发展走在了全国前列，各系统协同程度整体上呈逐年增高趋势，这不仅与北京市拥有良好的足球文化传统，校园足球起步较早、起点较高有关，而且

与北京市青少年校园足球的协同治理理念、多元主体架构和综合运行机制
有关。

北京市青少年校园足球协同治理主体架构呈现的特点如下：部门协同
方面，市教委处于校园足球协同网络中的重要位置，与市共青团等同级职
能部门之间离散点较少，部门之间的协同关系较紧密，整个部门网络信息
交流较通畅。内外协同方面，企业、俱乐部、市校足协、市足协等成员在
北京市青少年校园足球协同网络中表现活跃，互动密切，与政府职能部门
信息交流较畅通。府际协同方面，北京各级政府以北京市、各区、各校青
少年校园足球工作领导小组和办公室为载体，构建了市、区、学校三级政
府管理体系，形成了覆盖全市青少年校园足球的治理网络。治理服务平台
承上启下方面，北京市青少年校园足球特色学校不仅实现了从小学到高中
的一体化设计，而且实现了从区级到国家级的精细化管理。此外，北京市
仍在不断扩大校园足球试点县（区）、改革试验区示范效果，海淀区和延
庆区也在积极探索校园足球"满天星"训练营建设。

北京市青少年校园足球协同治理运行机制呈现的特点如下：首先，资
源动员呈现多方参与的特征。各级特色学校普遍采用外聘足球教练员的方
式弥补足球专项教师不足，初步形成了北京市青少年校园足球骨干队伍。
北京市、区、学校吸纳社会投入，提升政府部门财政支持力度，形成稳定
的校园足球专项经费保障。北京各级政府采用多种途径提升足球场地配
置，初步实现足球场地资源共享共用。北京市教委牵头，整合高校等资
源，成立北京市青少年校园足球协会、北京市青少年校园足球培训基地、
北京市校园足球运动发展中心、北京市校园足球文化研究与传播中心，为
北京市校园足球提供支持服务。其次，多元共治呈现科学高效的特征。市
教委等职能部门承担资金拨付、政策制定、监督管理等责任，市场组织及
社会组织可直接参与校园足球生产服务。北京市、区校足办通过会议研
讨、文件通知、现场调研、项目评估等形式定期交流，形成参与主体之间
的信息互通渠道。协商民主、监督评价是检验北京校园足球参与主体关系
的重要反馈机制。最后，利益分配呈现精准契合的特征。北京市教委率先
全面推广政府购买服务，对于适合由社会提供的校园足球服务，引入竞争
机制，通过合同、委托等方式向社会购买。企业、社会组织是北京市校园

足球的延伸力量，它们通过参与校园足球治理获得经济利益，改善企业形象，实现组织价值，赢得社会认可。本章运用多元回归分析，验证了资源动员、利益分配、多元共治对协同治理效果的影响。资源动员越有力，校园足球协同治理效果越好；利益分配越合理，校园足球协同治理效果越好；多元共治越完善，校园足球协同治理效果越好。

第六章
结论与建议

第一节　研究结论

第一，中国校园足球在场地稀少、设备简陋、人才奇缺的薄弱基础上起步，率先在全国有条件的城市的中小学开展，进而普及至各级校园足球特色学校，逐渐成为学校体育教育的突破口，发展定位逐渐指向大多数学生，相关配套制度保障逐渐完善，管理体制逐渐向公共治理演进。

第二，中国青少年校园足球参与主体的整体网络密度不高，关系紧密度不强，协同网络较为离散。同一系统内部组织协作关系比较紧密，集聚程度较高，其中教育部门是校园足球协同网络的核心群体。不同系统之间网络密度水平较低，体育部门对其他组织影响力较弱，各级足协、校园足球协会、俱乐部等参与互动增多，但联系不紧密，增加了校园足球协同治理的阻力。

第三，中国青少年校园足球治理主体逐渐多元，政府、企业、社会组织、个人是提升中国青少年校园足球治理能力的重要影响因素。当前中国青少年校园足球治理体系存在社会力量参与不充分、管理体制不健全、整体供给不足等困境。中国青少年校园足球协同治理成为一种现实选择。

第四，国外校园足球治理主体架构具有政府主导多方参与、立足俱乐部、社会多方支持等特征，运行机制具有完善的制度保障、多元化的资源动员、畅通的利益分配等特点。国外校园足球发展的经验启示是，优化校园足球治理机构，发挥足协、俱乐部等专业组织力量，增加不同主体间利益表达渠道，完善校园足球制度保障，促进校园足球与社会足球、职业足球相互衔接。协同治理是国外青少年校园足球治理的重要方式。

第五，校园足球以立德树人为根本任务，架起普及足球运动和提高足球运动水平的桥梁。它是推进学校体育综合改革的抓手，在治理理念上实现了从"行政管理"向"公共治理"转变，在参与主体上实现了从"单一主体"向"多方参与"转变，在运行机制上实现了从"任务驱动"向"需求驱动"转变，从"各自为政"向"利益契合"推进，中国青少年校园足球治理迎来前所未有的机遇。

第六，基于协同治理理论基础，本研究构建了中国青少年校园足球协同治理框架。在治理主体结构方面，校园足球协同治理综合考量了政府和社会不同主体能力特点，确立了强调跨部门联合的部门协同、关注委托代理的内外协同、寻求不同等级的府际协同、起承上启下作用的治理服务平台。在运行机制方面，资源动员、多元共治、利益分配是实现多元主体走向集体行动过程的重要保证。

第七，北京市在推进校园足球政策落实、营造校园足球文化氛围、发挥校园足球育人功能等方面开展了卓有成效的工作，这得益于北京市青少年校园足球协同治理框架。在主体架构上，北京市各职能部门追求教体融合的部门协同，关注政社合作的内外协同，形成国家、市、区、校四级校园足球府际协同网络，搭建多样化的服务平台。在运行机制上，北京市校园足球呈现资源动员多元参与、利益分配精准契合、多元共治科学高效等特征。本研究运用多元回归分析，探究资源动员、多元共治、利益分配对多元治理主体的行为选择与协同进程的影响，助力提升北京市青少年校园足球治理效果。

第二节　政策建议

针对当前校园足球发展存在的问题，推进中国青少年校园足球改革，本书提出的政策建议如下：通过优化组织架构、搭建多维网络，加强顶层设计，提升制度保障；通过强化政府责任、培育社会组织、鼓励企业参与、推进公众参与，培育多元主体，提高不同主体有效参与水平；通过健全协商机制、推进政府购买服务、加强监督评价、促进信息共享，实现合作共赢。

一 加强顶层设计，提升制度保障

（一）完善顶层设计

顶层设计是促进多元主体之间共同承担校园足球集体行动的规则和激励集合。完善的顶层设计能够保证多元利益主体互动的合法性，拓宽多元利益相关者协同治理的渠道。权力与资源影响着不同行动者的态度和行为。青少年校园足球协同治理需要在权力与资源均衡配置的基础上分享裁量权。政府需要充分发挥自身在青少年校园足球治理中的引导功能和"元治理"功能，吸引多元主体参与，通过相关制度的有效供给，推动多元主体实现资源功能在不同地域之间的依存与共享。同时政府需要健全市场、社会组织监督法规，在校园足球财产管理、社会监督、审计监督、违规处罚等方面，制定多层级评估办法和标准，加强对市场、社会组织的监督与管理。包容性制度保障具有预期性、稳定性、协调性等特点，能够充分调动政府、市场和社会力量，涵盖诸如社会资本投入的税收优惠、社会捐赠、政府购买、教练员工作补贴发放制度等政策。为促进社会力量有序参与校园足球治理，各级政府需要完善社会力量参与校园足球治理的激励制度。权力与资源结构塑造着行动者的个体观念与行为倾向，影响和制约着青少年校园足球协同治理模式与进程，是行动者决定是否参与协同治理以实现公共目标的判断依据。[①]

（二）优化组织架构

青少年校园足球工作领导小组是校园足球协同系统中的核心组织机构。与校园足球发展较快的区域相比，校园足球协同治理组织架构并没有很大区别，主要差别在于组织架构协调的实际效果，特别是政策法规不一致、执行力不高等。其中最主要的一个原因是管理精细化不足。基于服务型、责任型、效能型政府理论，校园足球协调机构职能应分工明确，实施校园足球精细化管理，细化发展目标，明确各参与部门任务分工，确定运

---

① Jill M. Purdy, "A framework for Assessing Power in Collaborative Governance Processes," *Public Administration Review*, Vol. 72, No. 3, 2012.

行的制度标准，量化各参与部门考核。因此，校园足球跨部门协同关系要从明确部门责任、统一目标、确定协调组织层次、信息共享的渠道、争端解决机制等方面，充分发挥青少年校园足球工作领导小组在治理体系中的协同整合作用，这是实现中国青少年校园足球协同治理的重要保证。此外，青少年校园足球工作领导小组是由多元主体共同组成的协同中枢，应以现代信息科技为技术支撑，使其拥有最充足的资源，并掌握最高权力，保证校园足球信息的及时性、真实性、有效性、共享性。各级职能部门通过信息与资源的充分有效协同整合，实现政府部门之间、政府与市场之间、政府与公众以及社会组织之间的协同。

（三）搭建多维网络

多维协同网络设计是创新中国青少年校园足球治理体系的重要组成部分。教学体系、训练体系、竞赛体系、保障体系之间相辅相成、互为依托。教学体系是建设校园足球工程的基础。教育部门与足协系统应整体规划校园足球教学指南与足球运动技能等级评定标准，尊重教育发展规律和足球运动规律，关注学生兴趣培养及身体素质的全面发展，着力实现打牢校园足球教学根基的工作目标。训练体系和竞赛体系是建设校园足球工程的重点，有利于培养和发展足球苗子。各级体育部门应该联合足球专业组织发挥体育系统资源优势，参与竞赛体系设计，指导各级选拔性训练营工作。师资培训、场地建设、经费投入等是校园足球工程的保障体系，政府部门应多渠道调动市场、社会组织等支持校园足球发展。从横向上，政府部门联合社会力量有序参与校园足球教学体系、竞赛体系、训练体系、保障体系建设，实现校园足球、社会足球、职业足球融合发展。从纵向上，校园足球无论是教学体系、训练体系，还是竞赛体系，都需要完善各自体系内部建设，实现不同体系建设有序衔接。

二 培育多元主体，提高有效参与水平

（一）强化政府责任

各级政府是中国青少年校园足球协同治理的主导方。加强政府责任是

促进协同关系和协同治理绩效的有效策略。校园足球是基础教育的重要组成部分，具有公共性和政治性。提升校园足球教育质量，实现校园足球均衡发展，是政府向青少年提供丰富的足球教育活动的目标。政府组织优先承担校园足球治理所需的制度供给和公共资源投入，承担校园足球治理的领导规划、统筹协调等责任。同时，政府组织通过吸纳、授权、支持、鼓励等方式释放各类主体的资源优势，化解各类主体的利益冲突。政府部门强化自身责任，广泛吸纳合适的参与主体，有效让渡校园足球服务，减少行政限制，避免出现政府"总揽一切"或"过度退让"两个极端，追求不同主体求同存异，促进不同主体的联结。[①] 各级职能部门强化责任，建立共同的愿景，鼓励通过制度安排支持多主体共同参与青少年校园足球事务。

（二）培育社会组织

社会组织作为政府和市场之间的媒介，是青少年校园足球的重要行动者。社会组织要充分发挥专业性与灵活性优势，将行业规范、标准制定、评奖评优等用于管理规范整个校园足球行业的发展，建立市场组织对政府规制的反馈，整合政府与市场之间的利益，实现资源共享和优势互补。这就对社会组织提供的资源和能力提出要求。首先，促进社会组织的能力提升。各级政府应大力推进社会组织与行政机关脱钩，推进管办分离，激发社会组织活力，加强社会组织孵化建设，促进社会组织实体化改革，拓展社会组织生存及发展的空间与权利。其次，营造社会组织健康有序参与校园足球治理的环境。各级职能部门应建立公平、适用的招标竞争机制，科学设定社会组织承接服务准入门槛，综合考量社会组织的资金状况、技术水平等，选择资源禀赋最优匹配的协同方，使社会组织与政府、市场结成紧密的合作伙伴网络。

（三）鼓励企业参与

在市场机制下，市场组织的交易行为能够促进合作行为的产生，这不仅有利于满足社会多元化和个性化的服务需求，而且有利于促进足球相关

---

① 吴丽芳等：《基于社会治理的青少年校园足球发展模式》，《体育学刊》2017年第4期。

市场组织的发展。企业作为市场的主体，拥有大量的人力、信息、物质等资源，与政府优势互补，能够弥补青少年校园足球治理的合作困境。随着企业社会责任理念的变迁，企业参与目标由单纯的以营利为中心向更为注重以营利性为基础的市场性与公共性融合的趋势转变。① 企业参与青少年校园足球治理的方式主要有以下两种。第一，企业积极响应政府发展校园足球的号召，通过合同外包、合作供给、特许经营等方式主动承接政府转移的校园足球服务，提供合格的青少年校园足球产品与服务，以缓解日益增长的校园足球服务供需矛盾，通过竞争性要求，遵循优胜劣汰原则，改进服务质量。企业谙熟市场运行机制，能够快速了解公众的需求，并按照企业的运行规律向公众提供服务和产品。第二，在生产和提供校园足球服务过程中，企业不仅要兼顾自身经济利益和社会利益，还要承担社会责任。履行社会责任既是企业可持续发展的内在需求，也是塑造企业形象的有效途径。校园足球是社会公益事业，对于促进青少年的身心健康具有重要作用。鼓励企业参与校园足球事业，整合市场资源优势，汇聚各方力量，是克服政府与市场双重弊端的制度安排。

（四）推进公众参与

公众尤其是青少年是校园足球治理的主体之一。校园足球政策只有更多地体现青少年发展诉求，才能发挥效力，得到公众的充分理解与广泛配合。公众在青少年校园足球治理中具有多重身份。公众既是青少年校园足球活动的直接参与者，也是青少年校园足球政策的受惠者。政府部门通过校园足球活动实现青少年立德树人的目标，最大限度实现青少年全面发展。然而由于学习与训练的矛盾、足球运动风险、校园足球竞赛功利化等，公众参与校园足球治理积极性不足，直接影响校园足球多参与主体的反馈交流机制缺失，间接影响政府及社会力量改进校园足球的工作方式。公众参与青少年校园足球治理，弥补了政府对青少年校园足球治理的不足。政府必须了解公众诉求，畅通公众参与渠道，加强校园足球文化宣传，加大校园足球知识教育，引导媒体理性宣传校园足球文化，增加各级

---

① 高韧：《企业的公共服务责任与政府激励》，《科学·经济·社会》2010 年第 2 期。

政府校园足球主管领导以及足球行业协会人员、俱乐部、公众的互动机会。

三 实现合作共赢，完善运行机制

（一）健全协商机制

协商是协同治理的桥梁。首先，发挥各级校足办等协商机构的作用。中央到地方青少年校园足球领导工作小组均应建立纵向协调机制，聚焦科学发展校园足球的重大问题，深入调查研究，充分发挥政府职能部门的宏观调控和政策激励作用，形成自上而下的激励约束。同时横向职能部门之间，通过多部门协同，明确部门职责，提升部门协同治理水平。各级政府职能部门利用专题研究、考察调研、会议研讨等方式，拓宽参与渠道，完善协商、对话、契约、决策等制度，突破时空限制，发挥各自部门核心优势，形成思想共识，实现跨部门协同。其次，建立政府、企业、社会组织精准协商机制。随着校园足球进入内涵发展的新时代，校园足球治理体系建设已经由高速增长阶段转向高质量发展阶段，正处在优化校园足球治理主体结构、转变校园足球发展方式的攻关期，政府与企业、社会组织需拓展协商渠道，搭建协商平台，探寻社会力量参与校园足球意愿的最大公约数，树立精准协商思维，推动协商民主制度化发展，促进多元主体间凝聚共识、共谋发展。诸如为解决校园足球资源不足等问题，政府部门牵头召开促进企业、社会组织参与校园足球工作的座谈会等，通过签订协议等制度安排实现政社协商的规范化、程序化、常态化，建立企业、社会组织、政府之间多层的民主协商机制。

（二）推进政府购买服务

政府购买服务是中国青少年校园足球服务领域创新的重要制度安排。各级政府通过政府购买服务方式，突破条块分割，盘活校外的优质资源并引入校园，丰富青少年校园足球资源体系。各级政府利用市场竞争机制，通过竞标和契约方式，向社会力量购买校园足球专业知识、技能、师资、场地等资源，丰富足球教育活动，提升校园足球教育服务品质，促进校园足球区域均衡发展。基于国外的实践经验，政府购买青少年校园足球服务非营利性组织和营利性组织并存。中国政府购买青少年校园足球服务以非营利性组织为主，营利性组织为辅，购买方式有资助制、项目申请制、合同制。资助制指政府以经费支持、实物资助、政策扶持等形式购买服务；项目申请制指由政府稳定拨款，以转移支付制度为主体形式；合同制多采取竞争性方式。因此，政府购买青少年校园足球服务，不仅是实现青少年校园足球治理体系现代化的根本要求，而且是实现校园足球全面深化改革的一项重要举措。

（三）加强监督评价

健全各级教育部门校园足球监督机制，是保障校园足球内涵发展的重要制度基础。首先，完善校园足球信息统计制度。各级职能部门要完善校园足球工作登记制度，建立区域校园足球人才资源库、区域校园足球赛事数据库、区域校园足球课程资源库，跟踪区域校园足球发展概况。其次，建立绩效考核机制。各级职能部门要将校园足球绩效考核工作纳入区域教育发展的衡量体系，注重青少年校园足球特色学校、试点县（区）等治理服务平台建设质量管理与考核，完善青少年校园足球特色学校、试点县（区）等治理服务平台建设等级制度，定期向社会发布区域校园足球发展报告，接受社会与舆论监管。再次，完善动态监管机制。各级职能部门要健全校园足球问责约束机制，规范青少年校园足球特色学校、试点县（区）、改革试验区准入和退出制度，加快校园足球质量发展认证认可体系建设，通过协调认证认可部门机构，严格规范认证标准，并实行"认证认可年检制"，取消认证终身制。教育部门通过定期检查督察制度，改变部分区域"运动化检查"情况，重视校园足球特色学校质量工程，从而保障中国校园足球可持续性发展，实现校园足球落地生根。最后，科学制定多维校园足球发展评价机制。各级职能部门要探索建立第三方社会评价，脱离行政体制的束缚，独立于政府机构之外保持其专业中立性，以专业评估校园足球发展现状为政府决策提供依据。第三方机构接受政府的委托，实行抽检制，定期向政府部门提供不同区域校园足球发展报告，真正发挥校园足球智囊团的作用。

（四）促进信息共享

信息互动和共享是多主体协同治理的必要前提。信息共享既有助于消除信息不对称，保障市场、社会组织的知情权与选择权，也有助于政府监管部门及时了解校园足球开展动态。因此，各级职能部门需要搭建校园足球资源供需对接平台，利用物联网、大数据，汇集校园足球统筹规划、政策文件、工作动态、一线风采、资源库等方面的信息。相关职能部门对校园足球的参与状况、多元主体对校园足球的服务状况等信息，按照统一标准存储和传播，以便各参与主体及时掌握区域及全国的校园足球发展状况及前沿动态，实现各参与主体资源有效匹配，实现不同主体间的信息互通和共享，同时也探索建立和完善参与主体激励机制。校园足球领域的运动员注册、师资培训登记、球员和球队数据库、数字化足球赛事等具体信息，为长期观察各主体完成情况提供科学依据。这些平台克服不同主体之间、地区之间交流沟通上的困难，打破传统的点对点、面对面、线对线的合作方式，减少信息不对称，逐渐填补"数字鸿沟"，拓展多元主体以多种方式灵活配合的可能性，为决策提供依据，为多方的协调提供便利，使校园足球治理体系实现多元化、立体化、网络化发展，从而产生协同效应。

第三节　创新点与研究展望

一　创新点

第一，视角新。协同治理既是超越公共管理的理论范式，也是处理公共事务的特定方式。已有研究多集中在对校园足球治理过程中某一环节的探析，呈现"碎片化"特征，将协同治理运用到青少年校园足球领域的文献较少。本书整合不同视角的基本观点，运用社会网络分析法等多种研究方法分析校园足球协同治理运作逻辑，尝试构建较为完备的校园足球协同治理框架，并予以案例验证，研究视角具有一定创新性。

第二，研究内容有所突破。本书基于"主体架构—运行机制—实现协同"的思路构建中国青少年校园足球协同治理框架，具有一定新颖性。校园足球协同治理主体架构注重部门协同、内外协同、府际协同、治理服务平台承上启下，这是青少年校园足球治理有效协同的前提。校园足球协同治理运行机制重视资源动员、多元共治、利益分配，它们是青少年校园足球治理有效协同的保障。各级职能部门应当重视青少年校园足球治理结构塑造，健全青少年校园足球治理运行机制，并在此基础上提升青少年校园足球治理协同效应。以上理论框架和观点对已有的青少年校园足球治理理论观点具有补充作用，也具有一定创新性。

第三，研究方法新。本书坚持理论研究和实证研究相辅相成，运用文献资料分析法、社会网络分析法、调查法等多种研究方法，从历史与现实的逻辑出发，分析中国青少年校园足球协同治理的必然性；结合北京市区域案例研究，验证青少年校园足球协同治理框架的可操作性和实效性，探索区域校园足球协同治理效果的影响因素。多种研究方法的运用和整合具有一定创新性。

二 研究展望

由于校园足球的复杂性和多样性，协同治理是校园足球治理的趋势。校园足球协同治理涉及领域较广、研究问题复杂，加之本人能力有限，本书难以面面俱到。本书综合实证分析，对校园足球若干问题进行初步探讨，更深层次的问题需要在后续的研究中展开进一步分析。本书尚需在以下几方面努力。

第一，校园足球协同治理框架探讨有待深化。现有文献将协同治理运用于校园足球领域的研究较少，使得本书相关参考文献有限，加上笔者专业能力的限制，使得本书对校园足球协同治理的概念、内涵、外延等理论探讨不够全面。为此，构建更完善的校园足球协同治理框架是进一步深化校园足球协同治理理论研究的重要任务。

第二，校园足球调查研究存在局限性。由于研究时间和条件限制，本书虽然对中国青少年校园足球治理现状、困境等进行了探究，但是无法对全国进行大面积的普查，只能借助华奥国科体育大数据科技（北京）有限公司建立的 2016～2017 年全国校园足球特色学校数据库资料、教育部集中性调研所获资料、各地调研报告及部分实地考察信息对中国校园足球治理实践进行整体性把握，这使得研究具有一定局限性。

第三，校园足球协同治理范围有待扩展。本书虽然进行了验证研究，但是校园足球协同治理涉及内容广泛，且问卷调研以校园足球特色学校为主，对协同治理方面的内容进行了调整，协同治理的范围有待扩展。

第四，本书侧重校园足球有效供给研究，对青少年等需求侧研究不够深入，在后续的研究中将深入探讨校园足球需求侧结构的变化，实现校园足球供给侧和需求侧的合理匹配，增强校园足球持续增长动力。

附　录

附录1　中国青少年校园足球治理现状访谈提纲

访谈对象：_____访谈时间：_____访谈地点：_____

1. 您认为中国青少年校园足球的行动者有哪些？这些行动者中主体有哪些？

2. 您认为这些行动者在校园足球实施中是怎样互相影响的？

3. 您认为在青少年校园足球实施过程中，有哪些因素会影响到各行动者参与校园足球治理？

4. 您认为政府部门在参与校园足球治理的过程中关系如何，部门利益协调机制效果如何，哪些方面需要完善？

5. 您认为当前这些行动者在青少年校园足球实施过程中意愿、参与形式、效果如何，哪些方面需要加强？

6. 您认为中国青少年校园足球现行治理存在哪些问题？

7. 您认为哪些原因导致中国青少年校园足球现行治理困境？

附录2 专家访谈一览表

序号	姓名	职务	单位	访谈时间	访谈地点
1	潘×伟	全国高等学校体育教学指导委员会委员	扬州大学体育学院	2017.07.23	首都体育学院体育科技交流中心
2	张×勇	山东省校园足球发展研究中心主任	山东体育学院	2017.06.08	首都体育学院体育科技交流中心
3	吴×	体育卫生与艺术研究所所长	中国教育科学研究院	2017.06.08	首都体育学院报告厅
4	蔡×阳	全国青少年校园足球专家委员会委员	福建师范大学	2017.12.12	福建师范大学体育科学院四楼
5	赵×	全国青少年校园足球专家委员会委员	深圳大学	2017.06.09	首都体育学院体育科技交流中心
6	聂×新	全国青少年校园足球专家委员会委员	云南师范大学	2018.06.20	首都体育学院体育科技交流中心
7	刘×元	全国中小学体育教学指导委员会委员	首都体育学院	2017.06.09	首都体育学院教学楼四楼
8	高×	北京市校园足球协会竞赛部部长	首都体育学院	2018.01.10	首都体育学院足球教研室
9	李×雄	全国青少年校园足球工作办公室	湖南师范大学	2018.06.20	首都体育学院报告厅
10	陈×飞	北京市校园足球协会副秘书长	北京教育学院	2018.05.25	首都体育学院四层市校足协办公室
11	樊×香	全国校园特色学校遴选专家	华南理工大学	2017.06.10	首都体育学院教学楼8层会议室
12	马×	北京市校园足球协会副秘书长	北京市教育科学研究院	2018.01.12	北京市教育科学研究院
13	张×华	全国校园特色学校遴选专家	北京化工大学文法学院	2018.06.10	首都体育学院体育科技交流中心
14	仓×	全国校园特色学校遴选专家	辽宁省基础教研培训中心	2018.06.09	首都体育学院体育科技交流中心
15	韩×	教授	天津体育学院	2018.06.09	首都体育学院教学楼8层会议室

序号	姓名	职务	单位	访谈时间	访谈地点
16	李×	足球运动学院副院长	成都体育学院	2018.06.21	首都体育学院体育科技交流中心
17	冯×民	全国青少年校园足球夏令营优秀教练员	大连大学体育学院	2018.06.21	首都体育学院报告厅
18	张×	全国青少年校园足球专家委员会委员	国安俱乐部	2018.07.15	首都体育学院报告厅

附录3　地方校园足球相关负责人访谈一览表

序号	姓名	单位及职务	访谈时间	访谈地点
1	黄×敏	广东省教育厅校园足球负责人	2018.06.19	首都体育学院
2	刘×凯	河南省教育厅校园足球负责人	2018.06.20	首都体育学院
3	王×振	福建省青少年校园足球基地负责人	2018.03.15	福州船政学院
4	伊×	福建省青少年校园足球负责人	2018.03.15	福州船政学院
5	陈×远	海淀区教委体育与健康科科长	2018.04.15	海淀区教委
6	白×罡	海淀区体育局副局长	2018.01.15	海淀区体育局
7	赵×民	北京市延庆区教委副主任	2017.11.24	延庆区教委
8	吴×刚	成都市教育局校园足球负责人	2017.05.26	首都体育学院
9	张×	张家口教育局思政体卫艺科科长	2017.11.24	延庆区教委
10	李×光	河北省邯郸市曲周县副县长	2018.06.26	江苏海门足球小镇
11	郭×俊	河北省曲周县教育体育局局长	2018.06.26	江苏海门足球小镇
12	张×虹	厦门市校园足球负责人	2018.03.04	福建师范大学
13	郝×	校园足球杂志	2017.11.24	北京市延庆区教委
14	卫×	江苏省海门市校足办负责人	2018.06.26	江苏海门足球小镇
15	吴×	成都足协副主任	2018.06.26	江苏海门足球小镇
16	贺×	成都市成华区校足办副主任	2018.06.26	江苏海门足球小镇
17	纪×武	康庄中小学校长	2017.11.25	延庆康庄中心小学
18	金×毅	华奥国科（北京）有限公司工程师	2017.06.10	首都体育学院

附录4　北京市青少年校园足球特色学校建设调查问卷

尊敬的老师：

　　您好！为了解北京市中小学校园足球开展情况，了解北京市校园足球特色学校建设体系与治理现状，特别关注政府部门和学校、企业、社会等各参与主体在场地开发、师资培训、足球教学、足球训练、竞赛服务等方面的合作概况，各参与主体主要指教委、体育部门等政府职能部门，足协、校足协等社会组织，足球培训机构、公司等企业，青少年等公众。调查数据仅限于学位论文研究参考，不用于评价任何学校的办学状况和任何地区的教育工作，请按问卷中的要求如实填写。感谢您的支持与配合！

一　学校基本信息

1. 学校类型：＿＿＿＿＿

（1）小学　　　　　　（2）初中　　　　　　（3）高中

（4）完全高中　　　　（5）9年一贯制学校　（6）12年一贯制学校

（7）民办学校

2. 贵校哪一年成为校园足球特色学校：

（1）2015年　　　　　（2）2016年　　　　　（3）2017年

3. 贵校是哪一个级别的校园足球特色学校：

（1）国家级　　　　　（2）市级　　　　　　（3）区级

4. 学校有无分管校园足球活动的领导：

（1）有　　　　　　　（2）无

如果有，其职务是：

（1）校长或副校长　　（2）主任　　　　　　（3）其他＿＿＿＿＿

5. 学校是否设有校园足球管理机构：

（1）有　　　　　　　（2）无

如果有，机构名称是＿＿＿＿＿；机构人员组成共计＿＿＿＿＿人

6. 学校有无制定校园足球专项规章制度：

（1）有　　　　　　　（2）无

7. 贵校校内专业足球师资数量：_____个，外聘专业足球师资数量：_____个

8. 贵校配备足球场地数量：_____个，租用社会足球场地数量：_____个

9. 贵校日常足球活动运行经费主要源于（可多选）：

（1）国家拨款　　　　（2）地方政府支持　　　（3）学校经费支持

（4）社会捐赠　　　　（5）其他渠道

10. 学校在足球方面与校外合作的单位有（有合作单位的学校填写，可多选）：

（1）足球俱乐部　　　（2）体育运动学校　　　（3）高等学校

（4）其他机关事业单位（如体工队）　　　（5）企业（公司）

（6）足球协会　　　　（7）其他

11. 贵校能够给予参与的社会组织哪些方面的支持？（可多项）

（1）购买服务　　　　（2）组织建设　　　　（3）成员招募

（4）合作交流　　　　（5）媒体宣传　　　　（6）硬件设施

（7）社会认可　　　　（8）荣誉　　　　　　（9）无支持

（10）其他

12. 贵校能够给予参与的企业哪些方面的支持？（可多选）

（1）购买服务　　　　（2）组织建设　　　　（3）成员招募

（4）合作交流　　　　（5）媒体宣传　　　　（6）硬件设施

（7）社会认可　　　　（8）荣誉　　　　　　（9）无支持

（10）其他

二　贵校足球开展情况

1. 贵校开展校园足球活动的主要类型有哪些？（可多选）

（1）足球课　　　　　（2）大课间　　　　　（3）校内足球竞赛

（4）足球文化宣传　　（5）校际足球交流　　（6）课余足球训练

（7）参加校外足球比赛

2. 学校开展足球课的形式：

（1）必修课　　　　　（2）选修课　　　　　（3）其他_____

3. 学校的足球课教学考核情况：

（1）同体育课的考核一样　　　　　　（2）有专门的考核

（3）无专门的考核

4. 学校是否成立有学生足球俱乐部（社团或兴趣小组）：

（1）有　　　　　　（2）无

如果有，每周活动_____次，每次活动_____小时

5. 学校成立足球队情况：

（1）有　　　　　　（2）无

如果有，足球队组队形式：

（1）每班都有代表队　（2）每年级都有代表队（3）学校有校队

6. 学校组织学生参与的足球比赛形式（可多选）：

（1）班级联赛　　　　（2）年级联赛　　　　（3）校际交流竞赛

（4）区级比赛　　　　（5）市级比赛　　　　（6）出国交流比赛

7. 青少年比较感兴趣的足球活动内容有哪些？（可多选）

（1）足球课　　　　　（2）课余足球训练　　（3）校内足球竞赛

（4）足球文化宣传　　（5）校际足球交流　　（6）参加校外足球比赛

（7）其他

8. 学校足球人才培养情况：

在过去三年里，学校为县（市、区）级以上输送足球运动员_____人；通过足球特长优惠倾斜政策优先录取升入上一级学校的_____人

9. 学校对参加足球训练的学生在升学和招生方面有特殊政策：

（1）享受升学加分　　（2）评优评先　　　　（3）奖学金

（4）没有政策

10. 贵校主要通过何种途径扩大本校校园足球活动知晓度？（最多选3项）

（1）学校官方网络平台　　　　　　　　（2）组织足球文化作品

（3）传统宣传手段（横幅、海报、宣传栏）（4）媒体报道

（5）App 平台　　　　（6）其他

11. 学校开展校园足球的主要困难有（可多选）：

（1）经费不足　　　　（2）场地器材设施不足（3）教练队伍建设滞后

（4）学训矛盾　　　　（5）家长不支持　　　（6）参赛机会少

（7）管理不力　　　　（8）招生政策不支持　（9）活动项目缺少

（10）其他_____

三　本量表重点考察贵校校园足球协同治理情况，是对不同参与主体间的关系和效果的测评。请您根据自己在执行校园足球工作过程中的具体情况，在相应的程度选项下打√。

校园足球协同治理评价	很低	低	较低	一般	较高	高	很高
1. 贵校动员主体（资源）参与服务的能力如何？							
2. 各参与主体的积极性如何？							
3. 各参与主体相互信任的程度如何？							
4. 贵校足球经费保障程度如何？							
5. 贵校足球硬件设施完善程度如何？							
6. 贵校足球师资配置程度如何？							
7. 各参与主体的价值理念认同度如何？							
8. 各参与主体的权责清晰程度如何？							
9. 各参与主体的分工明确程度如何？							
10. 各参与主体信息沟通顺畅程度如何？							
11. 各参与主体协商充分程度如何？							
12. 各参与主体的监督考核机制完善程度如何？							
13. 各参与主体利益诉求的满足程度如何？							
14. 各参与主体的激励和保障措施公平程度如何？							
15. 各参与主体的激励和保障规则透明程度如何？							
16. 贵校校园足球协同治理的整体水平如何？							

再次感谢您对本研究的支持！

填表人姓名_____；联系电话_____；电子邮箱_____

填表时间：_____年_____月_____日

附录5　北京市青少年校园足球协同治理现状访谈提纲

访谈对象：_____　访谈时间：_____　访谈地点：_____

1. 您认为青少年校园足球协同治理是否有必要？

2. 贵区或贵校校园足球开展整体情况如何？

3. 贵区或贵校各参与校园足球活动的组织之间怎样进行信息交流？

4. 贵区或贵校拥有哪些足球资源？还需要哪些资源？筹备、整合、配置利用过程中是否遇到问题？

5. 贵区或贵校在校园足球资源动员方面有哪些创新？

6. 推进贵区或贵校校园足球治理还需要哪些支持（如政策、资金、师资）？

7. 为吸引多主体参与积极性，贵区或贵校如何更好地满足各参与主体的利益诉求？

8. 贵区或贵校主要通过何种途径宣传本校足球活动及信息？

9. 贵区或贵校开展各类校园足球活动或项目是否具有连续性？

10. 您认为推进贵区或贵校青少年校园足球工作的激励措施和制度有哪些？落实情况怎么样？

11. 贵区或贵校校园足球工作领导小组是如何运行的，存在哪些问题？

12. 为保证校园足球活动质量，对各参与主体的监督考核机制完善程度如何？

附录6　北京市校园足球特色学校遴选专家访谈一览表

序号	姓名	单位及职务	访谈时间	访谈地点
1	马×	北京市教科院基教研中心主任	2018.01.05	北京市教科院
2	陈×飞	北京教育学院体育与艺术学院院长	2018.05.23	首都体育学院综合楼1105A
3	高×	首都体育学院足球教研室主任	2018.01.13	首都体育学院综合楼1105A
4	纪×武	北京市延庆区康庄小学校长	2018.05.24	首都体育学院综合楼1105A
5	韩×	北京教育学院体育与艺术学院副院长	2018.05.25	首都体育学院综合楼1105A
6	刘×卿	北京工业大学体育部部长	2018.05.24	首都体育学院综合楼1105A
7	张×华	北京化工大学体育部部长	2018.05.25	首都体育学院综合楼1105A
8	贾×申	北京工业职业技术学院体育部部长	2018.05.26	首都体育学院综合楼1105A
9	李×诚	北京市教科院基教研中心教研员	2018.01.07	北京市教科院
10	刘×	海淀区教委体健科	2018.05.25	首都体育学院综合楼1105A

序号	姓名	单位及职务	访谈时间	访谈地点
11	谢×	海淀区教师进修学校	2018.05.24	首都体育学院综合楼 1105A
12	何×	西城区教育研修学院	2018.05.23	首都体育学院综合楼 1105A
13	黑×峰	北京东城安外三条小学	2018.05.24	首都体育学院综合楼 1105A
14	王×杰	通州区潞河中学	2018.05.25	首都体育学院综合楼 1105A
15	芦×棠	北京教育学院丰台分院	2018.05.25	首都体育学院综合楼 1105A

参考文献

著作:

〔美〕爱德华·弗里曼、杰弗里·哈里森、安德鲁·威克斯、拜德安·帕
　　尔马、西蒙娜·科莱:《利益相关者理论:现状与展望》,盛亚、李靖
　　华等译,知识产权出版社,2013。

陈晴主编《中国足球运动百余年发展史》,华中科技大学出版社,2017。

陈水生:《中国公共政策过程中利益集团的行动逻辑》,复旦大学出版
　　社,2012。

《当代中国》丛书编辑部编辑《当代中国体育》,中国社会科学出版社,1984。

龚波:《文明视野:中国足球的困境与出路》,北京体育大学出版社,2014。

规划编制小组编《中国足球中长期发展规划(2016—2050年)100问》,
　　北京体育大学出版社,2016。

郭怡、江育恒:《公共体育服务社会参与机制研究》,浙江大学出版
　　社,2017。

国家体委体育文史工作委员会、中国足球协会编《中国足球运动史》,武
　　汉出版社,1993。

国家体育总局编《改革开放30年的中国体育》,人民体育出版社,2008。

〔德〕赫尔曼·哈肯:《协同学——大自然构成的奥秘》,凌复华译,上海
　　译文出版社,1995。

纪力、杨明、龚勋:《我国足球发展困境与改革研究》,吉林大学出版
　　社,2016。

江若玫、靳云汇:《企业利益相关者理论与应用研究》,北京大学出版

社，2009。

蒋敏娟：《中国政府跨部门协同机制研究》，北京大学出版社，2016。

〔美〕林登：《无缝隙政府：公共部门再造指南》，汪大海、吴群芳等译，中国人民大学出版社，2002。

刘军：《社会网络分析导论》，社会科学文献出版社，2004。

《全国青少年校园足球发展报告》项目组编《全国青少年校园足球发展报告（2015～2017）》，广西师范大学出版社，2017。

全国青少年校园足球工作领导小组办公室组编《全国青少年校园足球发展报告（2015—2017）》，北京体育大学出版社，2018。

全球治理委员会：《我们的全球伙伴关系》，牛津大学出版社，1995。

沈建华、陈融主编《学校体育学》，高等教育出版社，2010。

孙葆洁、李剑桥、刘柱主编《中国足球产业与文化发展报告》，清华大学出版社，2019。

许新海：《变革的力量：海门县域教育生态的蜕变》，中国人民大学出版社，2018。

杨华锋：《协同治理——社会治理现代化的历史进路》，经济科学出版社，2017。

杨立国、钟秉枢：《校园足球逐梦英格兰》，人民体育出版社，2017。

杨立国、钟秉枢主编《校园足球圆梦法兰西》，人民体育出版社，2016。

应虹霞：《日本足球的明治维新》，浙江古籍出版社，2012。

张楠：《基于协同治理理论的中国地方政府区域治理研究》，湖北人民出版社，2015。

张晓贤：《上海市校园足球联盟创新发展研究》，杭州出版社，2016。

张兆国：《利益相关者视角下企业社会责任问题研究》，中国财政经济出版社，2014。

《中国大百科全书》总编辑委员会编《中国大百科全书》，中国大百科全书出版社，2002。

中国足球协会科学技术委员会编《中国足球事业年鉴》，新华出版社，2000。

钟秉枢等：《足球是圆的还是方的——中国足球发展与改革行业报告》，北京体育大学出版社，2011。

周登嵩主编《学校体育学》，人民体育出版社，2005。

周水仙：《协同治理的理论与实践》，浙江人民出版社，2017。

John Donahue，*On Collaborative Governance*，Harvard University，2004.

Keon Chi，*Four Strategies to Transform State Governance*，IBM Center for the Business of Government：Washington，DC，2008.

学位论文：

曹加奇：《校园足球活动体教协调合作机制研究——以牡丹江地区为例》，硕士学位论文，牡丹江师范学院，2014。

傅鸿浩：《我国校园足球内涵式发展研究》，博士学位论文，北京体育大学，2016。

李纪霞：《全国青少年校园足球活动发展战略研究》，博士学位论文，上海体育学院，2012。

李卫东：《我国青少年校园足球竞赛体系的研究》，博士学位论文，上海体育学院，2012。

梁伟：《校园足球可持续发展的系统分析与评价研究》，博士学位论文，上海体育学院，2015。

刘光容：《政府协同治理：机制、实施与效率分析》，博士学位论文，华中师范大学，2008。

刘宗锦：《中国城市社区教育协同治理研究》，博士学位论文，天津大学，2017。

邱林：《利益博弈视域下我国校园足球政策执行研究》，博士学位论文，北京体育大学，2015。

石红丹：《校园足球伤害事故治理研究》，硕士学位论文，湖南工业大学，2017。

田培杰：《协同治理：理论研究框架与分析模型》，博士学位论文，上海交通大学，2013。

田玉麒：《协同治理的运作逻辑与实践路径研究——基于中美案例的比较》，博士学位论文，吉林大学，2017。

王超：《苏州市实施校园足球工程中的社会与家庭支持研究》，硕士学位论文，苏州大学，2016。

王莹：《城市公共安全协同治理的模式构建与路径探索》，博士学位论文，中国矿业大学，2017。

吴基星：《中韩校园足球管理体系比较研究》，硕士学位论文，吉林大学，2015。

许树生：《城市地下工程核心安全风险协同治理研究》，博士学位论文，天津大学，2017。

赵树：《中学校园足球运动风险安全问题与防范体系构建》，硕士学位论文，山东大学，2016。

期刊文章：

薄贵利：《论优化政府组织结构》，《中国行政管理》2007年第5期。

曹任何：《合法性危机：治理兴起的原因分析》，《理论与改革》2006年第2期。

曹维、路怀宇、陈晓慧：《关于韩国发展校园足球情况的报告》，《中小学校长》2015年第5期。

陈栋、李博、贺新奇、郭士安、周红妹：《"质量特许计划"对英格兰青少年足球的影响及启示》，《体育文化导刊》2017年第12期。

陈洪、梁斌：《英国青少年校园足球发展的演进及启示》，《体育文化导刊》2013年第9期。

陈星潭、康涛：《中国与日本校园足球发展的比较研究》，《南京体育学院学报》（社会科学版）2017年第2期。

陈玉军：《校园足球发展的难点与突围方式思考》，《中国教育学刊》2019年第S1期。

崔乐泉：《中国校园足球发展的历史考察与经验启示》，《上海体育学院学报》2018年第4期。

董红刚、易剑东：《体育治理主体：域外经验与中国镜鉴》，《上海体育学院学报》2016年第4期。

董众鸣、龚波、颜中杰：《开展校园足球活动若干问题的探讨》，《上海体育学院学报》2011年第2期。

樊典雅、曾吉：《近 8 年我国校园足球研究综述》，《湖北体育科技》2017
年第 7 期。

方仁权：《韩国学校足球高水平运动员培养机制分析》，《中国体育科技》
2010 年第 6 期。

冯晓丽、刘婷：《山西省孝义市校园足球政校联动特色发展模式研究》，
《体育文化导刊》2016 年第 6 期。

傅鸿浩、张廷安：《我国校园足球骨干师资国家级专项培训实践反思与发
展策论》，《北京体育大学学报》2015 年第 11 期。

高海虹：《政府向社会力量购买公共服务的合同制治理研究》，《理论月刊》
2014 年第 9 期。

高民绪、孙勤国：《校园足球试点县实践路径的比较研究》，《体育科技文
献通报》2018 年第 4 期。

高原、董志强：《对法国小学生足球活动开展的思考——2015 年校园足球
教练员赴法国留学感悟》，《青少年体育》2015 年第 12 期。

何强：《校园足球热的冷思考》，《体育学刊》2015 年第 2 期。

贺新奇、刘玉东：《我国"校园足球"若干问题再探讨》，《北京体育大学
学报》2013 年第 11 期。

侯学华、薛立、陈亚中、顾春雨：《校园足球文化内涵研究》，《体育文化
导刊》2013 年第 6 期。

黄志浩：《日韩青少年足球运动员培养模式及其启示》，《安徽体育科技》
2016 年第 1 期。

姜广义：《论校园足球软环境系统建设》，《沈阳体育学院学报》2017 年第
3 期。

姜南：《我国校园足球政策执行的制约因素与路径选择——基于史密斯政
策执行过程模型的视角》，《中国体育科技》2017 年第 1 期。

康喜来、李德武：《新形势下校园足球的角色定位和发展》，《吉林体育学
院学报》2017 年第 1 期。

李滨、刘兵：《社会资本视域下的校园足球推进策略》，《上海体育学院学
报》2018 年第 4 期。

李汉卿：《协同治理理论探析》，《理论月刊》2014 年第 1 期。

李辉、任晓春：《善治视野下的协同治理研究》，《科学与管理》2010 年第
　　6 期。

李纪霞、董众鸣、徐仰才、颜中杰：《我国青少年校园足球活动管理体制
　　创新研究》，《山东体育学院学报》2012 年第 3 期。

李纪霞、何志林、董众鸣、徐仰才：《全国青少年校园足球活动发展瓶颈
　　及突破策略》，《上海体育学院学报》2012 年第 3 期。

李杰：《从德国足球的成功经验探讨构建中国青少年足球人才的培养体
　　系》，《中国学校体育》2017 年第 4 期。

李金龙、武俊伟：《京津冀府际协同治理动力机制的多元分析》，《江淮论
　　坛》2017 年第 1 期。

李军岩、程文广：《我国校园足球多中心治理研究》，《体育文化导刊》
　　2017 年第 2 期。

李卫东、刘艳明、李溯、窦文强、黄爱峰：《校园足球发展的问题审视及
　　优化路径》，《上海体育学院学报》2019 年第 5 期。

梁斌：《英国校园足球启示：网络路径整合及多元资源配置》，《山东体育
　　科技》2014 年第 1 期。

刘斌、杨成伟、李梓嘉：《基于政策执行视角的德国足球发展审视及启
　　示》，《沈阳体育学院学报》2017 年第 2 期。

刘兵：《现阶段我国学校足球业余训练的现状与发展对策》，《安徽体育科
　　技》2002 年第 2 期。

刘波：《德国体育俱乐部体制与学校体育关系的研究》，《体育与科学》
　　2008 年第 1 期。

刘波：《德国体育政策的演进及启示》，《上海体育学院学报》2014 年第
　　1 期。

刘夫力：《我国校园足球本质及与实践对接——兼谈校园足球与学校教育
　　的关系》，《体育学刊》2019 年第 3 期。

刘海元：《我国青少年校园足球改革发展情况及对当前主要问题的思考》，
　　《首都体育学院学报》2018 年第 3 期。

刘红建、尤传豹：《新世纪英国青少年体育政策的演进脉络、有益经验与
　　本土启示》，《南京体育学院学报》（社会科学版）2017 年第 4 期。

刘振卿、吴丽芳、张川：《我国青少年校园足球特色学校建设的若干问题探讨》，《北京体育大学学报》2019年第6期。

柳鸣毅、丁煌：《基于路线图方法的中国青少年校园足球治理体系研究》，《武汉体育学院学报》2017年第1期。

陆小聪、秋鸣、李龙洙、陈静：《韩国职业足球运动的历史与现状》，《体育科研》2010年第3期。

〔英〕罗伯特·罗茨：《新的治理》，木易编译，《马克思主义与现实》1999年第5期。

骆秉全、庞博：《北京市校园足球竞赛体系运行现状研究》，《首都体育学院学报》2019年第2期。

马阳、马库斯·库切特：《德国足球治理及其启示》，《体育学刊》2018年第1期。

毛振明、刘天彪：《再论"新校园足球"的顶层设计——从德国青少年足球运动员的培养看中国的校园足球》，《武汉体育学院学报》2015年第6期。

毛振明、刘天彪、臧留红：《论"新校园足球"的顶层设计》，《武汉体育学院学报》2015年第3期。

南尚杰、马克：《日本〈体育立国战略〉对中国政府体育管理职能转变的启示》，《西安体育学院学报》2015年第4期。

彭国强、舒盛芳：《德国足球成功崛起的因素及启示》，《体育学刊》2015年第5期。

邱林、戴福祥、张廷安、曾丹：《我国校园足球政策执行效果及主要影响因素分析》，《体育学刊》2016年第6期。

邱林、戴福祥、张廷安：《我国校园足球发展中政府职能定位研究》，《武汉体育学院学报》2016年第6期。

邱林、王家宏：《国家治理现代化进程中校园足球体制革新的价值导向与现实路径》，《上海体育学院学报》2018年第4期。

阮兆炳：《学校体育工作的基础工程》，《体育教学与训练》1992年第2期。

沈建敏、应玹、高鹏飞：《校园足球发展的顶层设计与底层回应》，《北京体育大学学报》2017年第4期。

沈克印:《政府与体育社会组织协同治理的地方实践与推进策略——以常州市政府购买公共体育服务为例》,《武汉体育学院学报》2017 年第 1 期。

史为临、毛丽娟:《体育发达国家学校竞技体育管理模式的比较研究》,《北京体育大学学报》2009 年第 10 期。

舒川、吴燕丹:《本土化视角下我国校园足球发展路径研究》,《中国体育科技》2015 年第 6 期。

松本靖, 後藤幸弘, "The Effect of Learning Process Systematized by & ldquo; Task Game” Extracted from Tacticsof Socceron Upper Grade of Elementary School Children," *Japanese Journal of Sport Education Studies*, Vol. 26, No. 2, 2007.

孙科:《心态·体制·形式——中国校园足球改革障碍及其突破策略访谈录》,《体育学研究》2018 年第 1 期。

孙一、饶刚、李春雷、梁永桥、林梦龙:《日本校园足球:发展与启示》,《上海体育学院学报》2017 年第 1 期。

孙远太:《管办评分离背景下基础教育协同治理机制研究》,《教学与管理》2017 年第 27 期。

唐刚、彭英:《多元主体参与公共体育服务治理的协同机制研究》,《体育科学》2016 年第 3 期。

唐铁锋、龚波:《上海"校园足球建设联盟"的创新举措与前瞻思考》,《西安体育学院学报》2016 年第 5 期。

汪伟全:《区域合作中地方利益冲突的治理模式:比较与启示》,《政治学研究》2012 年第 2 期。

王格:《我国校园足球活动开展的现状、问题及对策研究》,《沈阳体育学院学报》2011 年第 2 期。

王楠楠、郑石桥:《部门协同治理与政府审计效率:理论框架和经验数据》,《财会月刊》2017 年第 3 期。

吴键:《廓清问题 精准施策 全面提升校园足球发展质量——来自部分校园足球特色学校的调查》,《校园足球》2018 年第 1 期。

吴键:《校园足球:回归"真义" 严防"跑偏"》,《校园足球》2015 年第 11 期。

吴丽芳、杨献南、赵刚：《委托代理视阈下政府购买青少年校园足球服务的制约因素与对策》，《首都体育学院学报》2019 年第 4 期。

吴丽芳、于振峰、杨献南、张健、杨世东：《基于社会治理的青少年校园足球发展模式》，《体育学刊》2017 年第 4 期。

谢娟：《国家治理背景下青少年校园足球体育改革的路径探索》，《教育教学论坛》2016 年第 11 期。

徐建华、桂雨晨：《基于治理理论的校园足球发展策略》，《体育科技文献通报》2016 年第 7 期。

颜中杰、何志林、李晓旭：《足球强国后备人才培养路径研究》，《体育文化导刊》2007 年第 8 期。

杨桦：《中国体育治理体系和治理能力现代化的概念体系》，《北京体育大学学报》2015 年第 8 期。

杨献南、吴丽芳、李笋南：《我国青少年校园足球特色学校管理的基本问题与策略选择》，《体育科学》2019 年第 6 期。

杨一民：《关于中国青少年足球主要问题与对策的探讨》，《中国体育科技》2007 年第 1 期。

于文豪：《区域财政协同治理如何于法有据：以京津冀为例》，《法学家》2015 年第 1 期。

俞宏光：《德国足球发展研究》，《体育文化导刊》2013 年第 1 期。

俞可：《校园足球：德国夺冠必由之路》，《上海教育》2015 年第 2 期。

袁田：《新校园足球发展的新困境及新思路——德国青少年足球运动员培养对中国校园足球的启示》，《武汉体育学院学报》2018 年第 2 期。

云南省教育厅：《云南省校园足球工作总结》，《校园足球》2018 年第 1 期。

张华影：《校园足球发展的动力及其耦合机制研究》，《南京体育学院学报》（社会科学版）2016 年第 1 期。

张辉：《我国校园足球未来发展的注意问题——以我国首批校园足球布局城市学校足球发展情况为借鉴》，《北京体育大学学报》2016 年第 5 期。

张丽彦：《推动校园足球发展研究——基于对辽宁省首批全国校园足球特色学校、试点县（区）评估与分析》，《辽宁教育行政学院学报》2018年第4期。

张廷安：《我国校园足球未来发展中应当确立的科学发展观》，《北京体育大学学报》2015年第1期。

张学明、刘贵德：《广东省校园足球试点县校园足球发展探究——以乐昌市为例》，《韶关学院学报》2017年第9期。

张振波：《论协同治理的生成逻辑与建构路径》，《中国行政管理》2015年第1期。

赵治治、高峰、孙亮、张磊、纪智慧：《我国青少年校园足球特色学校的建设：概念、特征与反思》，《首都体育学院学报》2018年第3期。

郑娟、陈华敏、郑志强：《我国校园足球资源困境与公私合作——基于多重制度逻辑视角》，《沈阳体育学院学报》2016年第4期。

中国驻韩国大使馆教育处：《韩国校园足球发展情况简介》，《基础教育参考》2016年第1期。

中国驻英国大使馆教育处：《英国学校优秀足球苗子选拔培养制度及教学指南调研》，《基础教育参考》2015年第11期。

周兴生、谭嘉辉：《我国校园足球绩效评价指标体系及构建》，《西安体育学院学报》2017年第3期。

周志忍、蒋敏娟：《整体政府下的政策协同：理论与发达国家的当代实践》，《国家行政学院学报》2010年第6期。

Augste Claudia, Lames Martin, "The Relative Age Effect and Success in German Elite u-17 Soccer Teams," *Journal of Sports Sciences*, No. 9, 2011.

B. Schroepf, M. Lames, "Career Patterns in German Football Youth National Teams a Longitudinal Study," *International Journal of Sports Science and Coaching*, Vol. 13, No. 3, 2018.

Carsten Larsen, et al., "Psychosocial Skills in a Youth Soccer Academy: A Holistic Ecological Perspective," *Sport Science Review*, No. 3, 2012.

Caterina Gozzoli, Daniela Frascaroli, Chiara D. Angelo, Giuseppe Licari, "Connecting Personal History and Organizational Context: Suggestions for

Developing Educational Programs for Youth Soccer Coaches," *World Futures*, *No.* 2, 2014.

Caterina Gozzoli, et al. , "Connecting Personal History and Organizational Context: Suggestions for Developing Educational Programs for Youth Soccer Coaches," *World Futures*, No. 2, 2014.

Chang H. Joo, Kwan Hwang – bo, Haemi Jee, "Technical and Physical Activities of Small-sided Games in Young Korean Soccer Players," *Journal of Strength and Conditioning Research*, Vol. 30, No. 8, 2016.

Chris Ansell, Alison Gash, "Collaborative Governance in Theory and Practice," *Journal of Public Administration Research and Theory*, No. 18, 2007.

Christoph Behrens, Tim Meyer, Christian Pierdzioch, et al. , "Football Clubs and Philanthropy: An Empirical Analysis of Volunteering, Match Quality, and Donations," *International Review for the Sociology of Sport*, Vol. 53, No. 5, 2018.

DanielParnell, Sarah Buxton, "The Pursuit of Lifelong Participation: The Role of Professional Football Clubs in the Delivery of Physical Education and School Sport in England," *Soccer and Society*, Vol. 17, No. 2, 2016.

Doberstein, "Designing Collaborative Governance Decision-Making in Search of a 'Collaborative Advantage'," *Public Management Review*, Vol. 18, No. 6, 2016.

Eunah Hong, "The Effects of Felt Responsibility on Innovative Play of Elite Football Players in High School The Mediating Role of Psychological Safety," *The Korean Journal of Physical Education*, Vol. 57, No. 4, 2018.

Gerry P. T. Finn, "Trinity Mysteries: University, Elite Schooling and Sport in Ireland," *The International Journal of the History of Sport*, No. 13, 2010.

Hiroaki Matsuyama, Takahiro Matsutake, Hiroyuki Horino, et al. , "Competitiveness of Young Football Players in the Japan Football Association Social Action Program," *Advances in Physical Education*, Vol. 5, No. 2, 2015.

Hirose Norikazu, Hirano Atsushi, "The Bias toward Biological Maturation through the Talent Selection in Japanese Elite Youth Soccer Players," *Inter-*

national Journal of Sport and Health Science, Vol. 10, No. 0, 2012.

Hyun Lee, Yoon, Betsy, "A Unified Korea—on the Soccer Field at Least," Foreign Policy in Focus, No. 1, 2014.

J. A. Connor, K. S. Taras, K. D. Vinokur, "The Role of Nonprofit Management Support Organizations in Sustaining Community Collaborations," Nonprofit Management and Leadership, No. 10, 1999.

Jill M. Purdy, "A Framework for Assessing Power in Collaborative Governance Processes," Public Administration Review, Vol. 72, No. 3, 2012.

J. Meadowcroft, "Cooperative Management Regimes: Collaborative Problem Solving to Implement Sustainable Development," International Negotiation, Vol. 4, No. 2, 1999.

J. Nahm, "Comment on Professional Asian Football Leagues and the Global Market," Asian Economic Policy Review, Vol. 11, No. 1, 2016.

JuliaL, Carboni, Saba Siddiki, "Using Network Analysis to Identify Key Actors in Collaborative Governance Processes," Non Profit Policy Forum, Vol. 8, No. 2, 2017.

Jung Woo Lee, "A History of Football in North and South Korea c. 1910 – 2002: Development and Diffusion," Asia Pacific Journal of Sport and Social Science, Vol. 6, No. 2, 2017.

Kang, Hyun-Hee, Choi, Duk-Muk, "An Autoethnography on Football Club Operation Experiences," Korean Society for the Study of Physical Education, Vol. 22, No. 3, 2017.

Kapucu, Naim, Farhod Yuldashev, et al., "Collaborative Public Management and Collaborative Governance: Conceptual Similarities and Differences," European Journal of Economic and Political Studies, No. 1, 2009.

Kathrin Staufenbiel, Dennis Riedl, Bernd Strauss, "Learning to be Advantaged: The Development of Home Advantage in High-level Youth Soccer," International Journal of Sport and Exercise Psychology, Vol. 16, No. 1, 2018.

Kohei Ueno, "The Relationship between Athletic Abilities of Japanese High School Soccer Players and Their Psychological Skills in Both Athletic Club and School

Life Settings," *Advances in Physical Education*, Vol. 4, No. 2, 2014.

Krister Hertting, Catrine Kostenius, "The Youth Soccer Coaches' Visions and Thoughts of Leader Support," *Physical Culture and Sport Studies and Research*, No. 1, 2016.

Larsen, Torill, et al., "Creating a Supportive Environment among Youth Football Players a Qualitative Study of French and Norwegian Youth Grassroots Football Coaches," *Health Education*, Vol. 115, No. 6, 2015.

Light, Richard, "Globalization and Youth Football in Japan," *Asian Journal of Exercise and Sports Science*, Vol. 4, No. 1, 2007.

M. A. Pain, C. Harwood, "The Performance Environment of the England Youth Soccer Teams," *Journal of Sports Sciences*, Vol. 25, No. 12, 2007.

Martin K. Erikstad, Tommy Haugen, Rune Høigaard, "Positive Environments in Youth Football," *German Journal of Exercise and Sport Research*, Vol. 48, No. 2, 2018.

Masahiro Sugiyama, Selina Khoo, Rob Hess, "Grassroots Football Development in Japan," *The International Journal of the History of Sport*, Vol. 34, No. 18, 2017.

Matthew A. Pain, Chris G. Harwood, "The Performance Environment of the England Youth Soccer Teams: A Quantitative Investigation," *Journal of Sports Sciences*, No. 11, 2008.

Max Vazquez Dominguez, Martha Allexsaht-Snider, Cory Buxton, "Connecting Soccer to Middle School Science: Latino Students' Passion in Learning," *Journal of Latinos and Education*, Vol. 17, No. 3, 2018.

M. Dowling, R. M. Williams, K. L. O'Connor, et al., "No Significant Cognitive Changes Following Season of High School Soccer," *Medicine and Science in Sports and Exercise*, Vol. 48, No. 5, 2016.

R. M. Kanter, "Collaborative Advantage: The Art of Alliances," *Harvard Business Review*, No. 72, 1994.

Sangho Kim, Euidong Yoo, Paul M. Pedersen, "Market Segmentation in the K-league: An Analysis of Spectators of the Korean Professional Soccer League,"

International Journal of Sports Marketing and Sponsorship, Vol. 8, No. 2, 2007.

Stefan Wagner, "Managerial Succession and Organizational Performance-evidence from the German Soccer League," *Manage. Decis. Econ*, No. 6, 2010.

Stijn Verhagen, Nanne Boonstra, "Bridging Social Capital through Sports: An Explorative Study on (Improving) Inter-ethnic Contact at Two Soccer Clubs in the Netherlands," *Journal of Social Intervention: Theory & Practice*, Vol. 23, No. 4, 2014.

Tobias Hemmersbach, "Globalization in German Professional Football (Soccer)," *Zeitschrift für Soziologie*, No. 6, 2003.

Tom Ling, "Delivering Joint up Government in the UK: Dimensions Issues and Problems," *Public Administration*, No. 4, 2002.

Tyler A. Scott, W. Craig, "Thomas. Unpacking the Collaborative Toolbox: Why and When do Public Managers Choose Collaborative Governance Strategies?" *Policy Studies Journal*, Vol. 45, No. 1, 2017.

Udo Merkel, "German Football Culture in the New Millennium: Ethnic Diversity, Flair and Youth on and off the Pitch," *Soccer & Society*, No. 2, 2014.

Uwe Wilkesmann, Doris Blutner, "Going Public: The Organizational Restructuring of German Football Clubs," *Soccer and Society*, Vol. 3, No. 2, 2002.

Yijia Jing, Yefei Hu, "From Service Contracting to Collaborative Governance: Evolution of Government-Nonprofit Relations," *Public Administration and Development*, Vol. 37, No. 3, 2017.

报纸文章:

慈鑫:《韩国足球界人士揭秘"校园足球启示录"》,《中国青年报》2014年9月26日,第5版。

慈鑫:《中国足球复制英式体系关键不在足球在文化》,《中国青年报》2012年8月11日,第4版。

赖群阳:《振兴青少年足球运动教育部门义不容辞》,《中国教育报》2001年1月16日,第1版。

李季平:《河北曲周县开启校园足球发展新时代》,《中国改革报》2018年

3 月 30 日，第 4 版。

李霄鹏：《英国："特许"校园足球》，《中国教育报》2014 年 12 月 17 日，第 9 版。

刘道彩：《足球拼的是实力不是命》，《中国青年报》2011 年 11 月 11 日，第 2 版。

刘淼：《关心校园足球发展　鼓励运动场地开放》，《青岛日报》2009 年 10 月 11 日，第 1 版。

平萍：《上海成立学校足球工作委员会》，《中国体育报》2001 年 2 月 24 日，第 4 版。

《全国青少年校园足球工作电视电话会议　发言摘登》，《中国教育报》2014 年 11 月 27 日，第 4 版。

王东：《"校园足球"受困四大瓶颈》，《光明日报》2010 年 12 月 29 日，第 1 版。

杨占苍：《校园足球发展面临三大难题》，《中国教育报》2010 年 5 月 28 日，第 2 版。

左敏：《健全校园足球运动保障体系》，《中国教育报》2017 年 2 月 28 日，第 6 版。

电子资源：

《北京市教育委员会关于开展中小学体育教学质量提升计划启动年有关工作的通知》，京教函〔2016〕253 号，2016－6－12。

北京市校园足球协会：《北京市校园足球发展报告》，北京市教育委员会，2019。

《北京足球场：标准场地 279 个，非标准场地 991 个》，http://www.sohu.com/a/147766547_505377。

《成都市示范性足球场建设验收和奖励补助办法（暂行）》，https://wenku.baidu.com/view/4e1bf0d7a300a6c30d229f3a.html。

《成都市体育发展"十三五"规划》，http://gk.chengdu.gov.cn/govInfoPub/detail.action? id=94883&tn=6。

《成都市足球发展规划（2016—2020 年）》，成体发〔2017〕6 号，2017－6－13。

《2017 成都市校园足球发展工作研讨会召开》，http://www. scsport. gov. cn/ xwzx/ qsnty/201703/t20170315_24386. html。

《成都市制定开展校园足球活动的实施意见》，www. sc. gov. cn/10462/10464/ 10465/10595/2014/7/9/10307023. shtml。

《重庆通报批评校园足球联赛违纪行为》，http://www. xinhuanet. com/poli-tics/2015 − 11/12/c_128420744. htm。

《单位涉"毒跑道"被立案调查》，http://roll. sohu. com/20151120/n42727 0793. shtml。

发改社会：《全国足球场地设施建设规划（2016—2020 年）》，〔2016〕987 号，2016 − 5 − 10。

发改社会：《中国足球中长期发展规划（2016—2050 年）》，〔2016〕780 号，2016 − 4 − 6。

共青团中央、教育部、国家体委：《关于在全国中小学积极开展足球活动 的联合通知》，https://www. gqt. org. cn/695/gqt_tuanshi/gqt_ghlc/his_ wx/his_wx_1960_1969/200704/t20070417_19036. htm。

国家体委体育文史工作委员会、中国足球协会：《新中国足球运动大事记》，bbs. gzevergrandefc. com/forum. php? mod = viewthread&tid = 39421。

国家体育总局、教育部：《关于开展全国青少年校园足球活动的通知》，体 群字〔2009〕54 号，2009 − 4 − 12。

国务院：《关于加快发展体育产业促进体育消费的若干意见》，国发〔2014〕 46 号，2014 − 10 − 20。

国务院：《中国足球改革发展总体方案》，国办发〔2015〕11 号，2015 − 3 − 8。

《德国足球青训体系》，http://blog. sina. com. cn/s/blog 659d768a0100mf6q. html。

英国足协官网，http://www. thefa. com/。

《德国足协可持续发展计划》，http://sports. 163. com/special/talent-develop-ment-programme/。

《德国足协章程》，http://www. dfb. de/fileadmin/-dfbdam/2014124 − 02-Sat-zung. pdf。

《海门市校园足球发展走出"海门路径"》，http://wjj. nantong. gov. cn/nt-srmzf/sxcz/content/8ef8dc92 – c073 – 4692 – 92f3 – d2014cdf3e7a. html。

海门市政府：《海门校园足球改革发展试点工作三年行动计划（2015—2017）》，海政办发〔2015〕133 号，2015 – 10 – 28。

《湖南 2017 年青少年校园足球场地建设实施方案通知》，http://hn. qq. com/a/20161208/015635. htm。

《沪成立校园足球培训中心》，http://www. shedunews. com/zixun/shanghai/liangwei/2015/05/19/1698007. html。

教委、体委等：《关于在男少年中开展小足球活动的联合通知》，http://www. gd-info. gov. cn/books/dtree/showSJBookContent. jsp？bookId = 10837&partId = 900。

教育部等 6 部门：《关于加快发展青少年校园足球的实施意见》，教体艺〔2015〕6 号，2015 – 7 – 27。

教育部：《关于加强全国青少年校园足球改革试验区、试点县（区）工作的指导意见》，教体艺厅〔2017〕1 号，2017 – 2 – 17。

教育部：《关于加强全国青少年校园足球特色学校建设质量管理与考核的通知》，教体艺厅〔2018〕18 号，2018 – 4 – 4。

教育部：《关于开展全国亿万学生阳光体育运动的通知》，〔2006〕6 号，2009 – 12 – 25。

教育部：《关于组织申报全国青少年校园足球改革试验区的通知》，教体艺厅〔2018〕52 号，2018 – 8 – 3。

《教育部介绍三年来校园足球发展情况和 2018 年校园足球重点工作》，http://www. gov. cn/xinwen/2018 – 02/02/content_5263179. htm。

教育部：《全国青少年校园足球改革试验区基本要求》，教体艺厅〔2018〕3 号，2018 – 8 – 20。

教育部：《全国青少年校园足球骨干师资国家级专项培训》，教体艺厅函〔2016〕23 号，2016 – 7 – 7。

教育部：《全国青少年校园足球教学指南（试行）和学生足球运动技能等级评定标准（试行）》，教体艺厅〔2016〕4 号，2016 – 6 – 30。

《教育部：我国校园足球佼佼者将获评国家级运动员》，http://sports. xinhuanet. com/c/2018 – 05/15/c_1122832476. htm。

金钟焕：《韩国足球教练员培养体制》，中日韩亚洲足球发展论坛，北京体育大学，2011。

刘延东：《推进校园足球普及，为足球振兴奠定基础》，http://news. youth. cn/gn/201411/t20141126_6128571. htm。

马德兴：《韩国足协全权管理校园足球教练需有证》，http://www. 360doc. com/content/16/0912/10/31721317_590200469. shtml。

《2018 年具有高水平运动队举办资格的高等学校名单及运动项目出炉》，https://www. sohu. com/a/217258203_500675。

《全国青少年校园足球工作领导小组办公室 中国足球协会关于印发〈全国青少年校园足球教学训练竞赛体系建设方案（试行）〉的通知》，http://xyzq. jyb. cn/view. php? id = 1879。

《人大附中与恒大集团合作共建足球学校》，http://edu. sina. com. cn/zxx/2013 – 11 – 20/1351401883. shtml。

孙永建：《曲周县"三制"发力推动校园足球工作蓬勃开展》，http://jyj. hd. gov. cn/newsinfo. aspx? pkid = 40589。

《五新联动，开创新时代校园足球的"成都模式"》，全国青少年校园足球试点县校园足球工作集中调研总结材料汇编，2015。

《校园足球 30 – 0 罚单出炉，输的取消成绩赢球方没罚》，http://sports. ifeng. com/a/20171122/53482591_0. shtml。

《中国社会组织公共服务平台》，http://www. chinanpo. gov. cn/search/orgin-dex. html。

《中国足协拟推出"165"青训行动计划 加强体系》，http://sports. sohu. com/20161221/n476569389. shtml。

《中赫直接参与校园足球普及工作》，http://sports. sina. com. cn/china/j/2018 – 09 – 08/docihiixyeu5020904. shtml。

《足球如何走进英国校园》，http://news. sina. com. cn/o/2015 – 10 – 25/doc-ifxizwti7100789. shtml。

English Schools' Football Association. Handbook Season 2017 – 2018，www. esfa. co. uk.

Funding for Schools and Football Clubs to Link，Http://www. football foundation.

org. uk/our-schemes/.

Independent Schools Football Association Representative Football Policy Document, http://www. thefa. com/.

Schools' Guide: Their Game Youth Football Development, http://www. thefa. com/.

Sport England, http: data. gov. uk/dataset/activeplaces.

The Football Association, *Elite Player Performance Plan*, London: The Football Association, 2011.

The Football Association Technical Development, *Football Education for Young Players: A Charter for Quality*, London: the Football Association, 1997.

The Football Development Strategy 2001 – 2006, http://www. thefa. com/.

后　记

几经修正，书稿终于成形。书稿内容基本沿用了我的博士学位论文的观点、理论和整体框架，在此基础上，我根据多位专家的指导意见进行了修改和补充。再次回看此文，距离我2020年博士毕业已有两年。

感谢恩师于振峰教授。机缘巧合，我有幸投入先生门下。先生渊博的学识、严谨的治学态度、豁达的处世方式、开阔的学术视野，引领着我体验科研殿堂的神圣，并坚定了我学习奋斗的决心。记得在确定博士学位论文选题时，我一时困于思维定式而不得要领。于老师鼓励我遇事不要怕困难、要顺势而为，建议我寻求校园足球与公共管理的契合点，一语点醒了迷茫中的我。论文的选题、开题、调研、撰写、修改和定稿都倾注着他的心血。在此我谨向恩师致以深深的谢意。

感谢陈俊钦教授、吴燕丹教授长期的指导和教诲，是他们为我打下了较为深厚的学术基础。感谢首都体育学院钟秉枢教授、王凯珍教授、李建臣教授、李林教授、杨铁黎教授在论文开题时给予的指导。感谢方千华教授、许文鑫教授、林向阳教授、杨海晨教授、刘一平教授、魏德样教授、王润斌教授、徐建华教授等在论文写作过程中的大力帮助与指导。感谢参与论文预评审、预答辩、评审、答辩的专家们给予的宝贵意见和建议，为本书最后定稿增添了不少亮点。

感谢我的师兄杨献南博士、张健博士、侯胜川博士、陈栋博士、李博博士等，他们对我的热情帮助，使我少走了许多弯路。感谢我的同窗好友张传昌、李明、马培艳、杨世东、谭恺、贺昆、刘世磊、李伟、吕海龙、金红珍、庞博、陈丽妹、陈洁星、周丽云、孟凡素等，他们在学习生活中给予的帮助与鼓舞是我不断前进的动力。

感谢为我填答问卷的全国校园足球特色学校遴选评估的专家们，感谢区域校园足球负责人、校园足球领域的专家学者、特色学校的负责人及学生在调研中给予的配合和帮助。感谢所有本书引用的著作、论文的作者们，是你们的研究成果为本书提供了丰富的支撑材料。

感谢至今仍无法回报的我的家人，尤其是我的父母，以及亲爱的朋友们……

本书得以面世，首先要感谢福建师范大学体育科学学院领导的大力支持，其次要感谢社会科学文献出版社祝得彬博士的支持，是他们使这本书有了与读者见面的可能！

由于时间关系，本书并没有完全形成体系，对校园足球治理体系有些方面的论述还不够全面。书中如有不足之处，希望读者批评指正！

父母恩情、师长恩义、朋友厚谊，难以尽述。唯有一直努力，不断探索前行，去做更好的自己！

吴丽芳

2022 年 5 月

图书在版编目（CIP）数据

青少年校园足球协同治理研究／吴丽芳著. -- 北京：
社会科学文献出版社，2023.1
ISBN 978 - 7 - 5228 - 0891 - 8

Ⅰ.①青…　Ⅱ.①吴…　Ⅲ.①青少年 - 足球运动 - 研
究 - 中国　Ⅳ.①G843.2

中国版本图书馆 CIP 数据核字（2022）第 196023 号

青少年校园足球协同治理研究

著　　者／吴丽芳

出 版 人／王利民
组稿编辑／祝得彬
责任编辑／张　萍
文稿编辑／公靖靖
责任印制／王京美

出　　版／社会科学文献出版社·当代世界出版分社（010）59367004
　　　　　　地址：北京市北三环中路甲 29 号院华龙大厦　邮编：100029
　　　　　　网址：www.ssap.com.cn
发　　行／社会科学文献出版社（010）59367028
印　　装／三河市龙林印务有限公司

规　　格／开　本：787mm×1092mm　1/16
　　　　　　印　张：12.75　字　数：202 千字
版　　次／2023 年 1 月第 1 版　2023 年 1 月第 1 次印刷
书　　号／ISBN 978 - 7 - 5228 - 0891 - 8
定　　价／98.00 元

读者服务电话：4008918866